操・世界新体操と楽しむ！

# くるり北九州

大会公認！
北九州の見どころ
満載ガイド

2021年10月に開幕する世界体操・世界新体操をさらに楽しく観戦するための大会公認ガイドブック。史上初の同時開催となる今大会の開催地に選ばれたのは、福岡県 北九州市。世界体操・世界新体操と満喫したい北九州市の観光名所やグルメなども一挙掲載。観戦ツアーのお供にぜひ。

# 世界体操・世界新体操 10月開幕！

## 福岡県 北九州市に

## 世界一を決める戦いがやってくる！

テレビ朝日系列にて独占放送

## 東京オリンピックメダリストが大集結！

東京オリンピック後、全競技を通じて初の世界選手権となるのが、世界体操・世界新体操。体操と新体操の世界一を決める戦い—世界選手権である。世界体操だけでも、のべ150カ国から1,300名もの選手団が来訪予定。東京オリンピックの興奮そのままに、メダリストが大集結する今大会は、全世界から注目が集まること間違いなし。しかも、世界体操と世界新体操が同時開催されるのは史上初！

2つのビッグイベントが開催されるのは、福岡県 北九州市。体操界の"キング"内村航平が3歳まで過ごした場所でもある。世界トップレベルの華麗な演技を間近で見られるチャンス。そんな大注目の戦いを北九州へ見に行こう！

## Schedule

### 世界体操 @北九州市立総合体育館

- 10/18 (MON) 予選 女子
- 10/19 (TUE) 予選 女子 / 男子
- 10/20 (WED) 予選 男子
- 10/21 (THU) 個人総合決勝 女子
- 10/22 (FRI) 個人総合決勝 男子
- 10/23 (SAT) 種目別決勝
  - 男子 ゆか あん馬 つり輪
  - 女子 跳馬 段違い平行棒
- 10/24 (SUN) 種目別決勝
  - 男子 跳馬 平行棒 鉄棒
  - 女子 平均台 ゆか

### 世界新体操 @西日本総合展示場 新館

- 10/27 (WED) 個人種目別決勝
- 10/28 (THU) 個人種目別決勝
- 10/29 (FRI) 団体総合決勝
- 10/30 (SAT) 個人総合決勝
- 10/31 (SUN) 団体種目別決勝

写真・左下から二番目：AFP/アフロ、そのほかPICSPORT

# 世界体操・世界新体操と 北九州を満喫しよう！

おすすめ
スポット
満載！

# ようこそ北九州へ

## 人気観光スポットを 畠山愛理さんと散策

## 開催地・北九州の魅力をお届け！

関門海峡をはさんで、本州から九州への玄関口に位置する人口94万人の政令指定都市・北九州市。豊かな自然と都会の利便性をあわせ持つ九州第二の都市だ。もともと5つの市が合併してできた市のため、街ごとに個性豊かな魅力があるのもポイント。江戸時代に城下町として発展し、JR小倉駅を中心に商店街やビルが集まる中心地・小倉や、かつて国際貿易港として栄えた門司港など、この機会に訪れたいスポットがいっぱい。世界体操・世界新体操と一緒に、開催地・北九州を満喫しよう！

門司港レトロをはじめ
名所が盛りだくさん

## 手に汗握る体操・新体操観戦と
## 魅力たっぷりの北九州へ、いざ。

※撮影時のみマスクを外しています。

〈衣装〉トップス 20,900 円／フィルム（ダブルスタンダードクロージング）
バングル 25,300 円／ SILVER SPOON　　パンツ、ピアス、サンダル（スタイリスト私物）

SILVER SPOON　TEL 0800-300-3330　東京都渋谷区千駄ヶ谷 2-11-1
フィルム（ダブルスタンダードクロージング）TEL 03-5413-4141　東京都港区北青山 2-11-3 A-PLACE B1F

# contents

● 掲載データは、2021年 6月時点のものです。変更される場合がありますのでご了承ください
● 税込料金で記載しています
● 新型コロナウィルス感染症に関連した各施設の対応・対策により、営業日や営業時間の変更などの可能性があります
おでかけになる際は、最新の情報をご確認ください

EI UCHIMURA

Special Story

## 生まれ故郷で再び頂点へ

# 内村航平が目指す究極の世界

6種目で競う個人総合で 2009年から 2015年に世界体操 6連覇の実績を持つ内村航平。オールラウンドの“キング”は今、種目別の鉄棒一本に絞って世界の頂点に再び挑もうとしている。世界中の体操選手に尊敬され、世界中のファンから愛されている内村に、H難度の大技「ブレットシュナイダー」への思いや、究極の目標について聞いた。

文・矢内由美子　　写真・PICSPORT

6種目のオールラウンダーから1種目のスペシャリストへ。華麗に見える転身だが、その挑戦は決して簡単ではなかった。今年4月から6月までの3カ月間、5戦にわたって行われた東京五輪代表選考会（兼世界体操代表選考会）。内村は種目別の跳馬で代表入りを目指す米倉英信（福岡市出身）との争いを僅差で制し、個人枠での東京五輪出場権を獲得した。

結果的に0・001点差で米倉を上回ることになった背景には、2016年リオデジャネイロ五輪男子個人総合でのオレグ・ベルニャエフ（ウクライナ）との戦いを0・099点差で制した経験があった。あの時、勝敗を決したのは最後の鉄棒の演技だった。

「リオ五輪の個人総合の時に開き直れたことが今につながっています」

内村はしみじみと振り返る。とはいえ今回は、リオ五輪とはまた別の緊迫感に包まれての選考会だった。技の練習をし始めたのがリオ五輪後の2017年からと日の浅いH難度の離れ技「ブレットシュナイダー」を組み込んだ演技だからだ。内村自身が「メンタルバトル」と称した5戦。落下すれば1・0点の減点が課される中で、内村は5戦すべてにブレットシュナイダーを入れ、すべて成功させた。

## 鉄棒のスペシャリストへ
## 重圧の中で得た自信

「落ちることは許されないというプレッシャーの中で、しっかり自分を保って演技を出来たのは、最高の自信になっています」

## ブレットシュナイダー研究所所長

そう言って胸を張る内村には、ブレットシュナイダーへの特別な思いがある。

「ブレットシュナイダーさえ成功すれば最後までうまくいくというような、最重要ポイントの技です。一日に何度も何度も映像を繰り返し見ますし、夢にも出てきますね」

内村にとってブレットシュナイダーは「武器」だと言う。

「侍だったら常に肌身離さず刀を持っていて、いつでも抜けますよ、という感じだと思います。でも、毎回スムーズにスパッと切るのは難しい。絶対に数ミリずれる。ブレットシュナイダーもそれと同じです。毎回、毎日、どの会場でも同じ感覚でやることを追い続けている。もう、ブレットシュナイダー研究所所長みたいな感じです」

# 生まれ故郷 北九州での世界体操へ

## 追い求める理想を試合で出したい

練習では完成形に近いところまで表現できていると言うが、試合ではまだ出せていない。「鉄棒のしなりに合わせて技を行わなければいけないので、しなりの動きに反した動きをしてしまうと、裏切られるんです。だから鉄棒の声を聞かないとダメなんです」と細やかなさじ加減を説明する。そして、究極の演技は「無」でいないと生まれないという。

「自分に感情がなくなるといいますか、ロボットみたいな感じ。練習では頂上が見えているのですが、試合ではまだ出来ていない。だから、試合で出すことを追い求めたい」

世界の舞台でそれを見せたいという思いは強い。その気持ちを内村は独特な言葉でこのように説明する。

「見せたいというより、自分の理想とする、満足のいく演技を追求してそれを出すということです。練習で出来ても試合で出来ないというのは6種目の時もそうでした。ですから、追い求める姿勢が大事だと僕は思っています。それに、追い求めた先も見てみたいんです。結果や点数を追い求めるよりその方が楽しいと思っています」

## 生まれ故郷での大会が心の支えだった

五輪開催が不透明だった時期にモチベーションを高く保てたのは、「自分の生まれ故郷で試合が出来るのはこの上ない幸せ」という思いと、「世界体操は必ずやるはず」という思いがあったからだ。

「世界体操に希望を見いだしながらやっていた部分があります」と感謝する内村。挑戦者の心を持ち続ける〝キング〟を、北九州という地が後押しする。

Y JAPAN POLA

Special Story

# 新体操日本代表 フェアリージャパン 強さと美しさの秘密

**若手とベテランが切磋琢磨し、メンバー全員が一致団結しながら世界の頂点を目指している新体操団体“フェアリージャパンPOLA”。2015年から2019年まで4大会連続で世界新体操の表彰台に上がり続け、種目別で史上初の金メダルも獲得した日本代表チームの強さと美しさは、どのような背景から生まれているのか。精神面でチームを束ねているキャプテンの杉本早裕吏（さゆり）に聞いた。**

文・矢内由美子　写真・西村尚己／アフロスポーツ

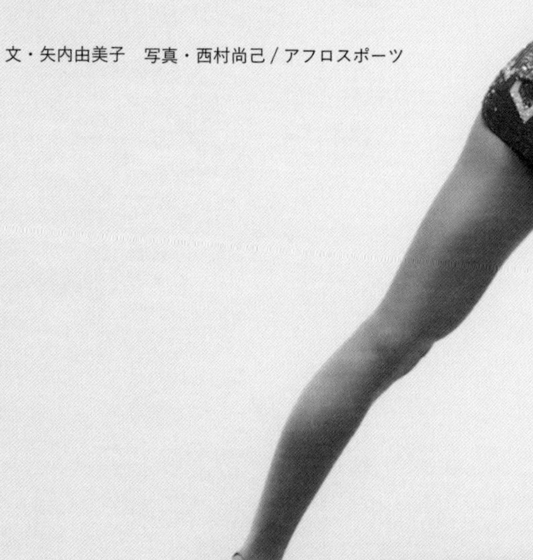

## 杉本早裕吏キャプテンの覚悟

杉本が初めてキャプテンに任命されたのはまだ十代だった2014年。当時はメンバー内の互選によって決まっていたそうだ。それから7年。現在はキャプテンとしてどのような振る舞いを意識しているのだろうか。

「私が考えるキャプテンの役割は、チームを動かすことです。そのためには常に全体を見ていることが必要です。自分のこともやらなくてはいけないので大変ですが、チーム全体がうまくいっていないと感じる時は、自分が変えなくては、と思っています。たとえ自分が疲れている時でも、チームとして今何をするべきなのかを常に考えながら行動するように意識しています」

## 元々は怒れないタイプでした

年齢も立場も異なる全員が同じ目標を持ち続けるのは簡単なことではない。時には〝嫌われ役〟にならなければいけないこともあるだろう。そんな時はどのようにしているのか。

「私自身、元々は怒れないタイプだったんです。でも、キャプテンになってからは、『今やるよ』という時は強く言うようにしています。それは成功したいからです。言わなければいけないという時は強く言いますね」

きつい言葉を発した後に気まずい雰囲気が流れることはないのだろうか。

「強く言われた時に、しょぼんとしている雰囲気になる選手もいるのですが、その反面、食らいついてくる目つきもあるんです。それに気づいてからは、キャプテンとして必要な時には強く言うという姿勢は、絶対にやめてはいけないと思いました。自分が弱くなってはいけない、自分自身がチームを動かすと意識しています」

## 確実性と同時性が強さと美しさを生む

日本は2015年世界新体操で種目別リボンの銅メダルを獲得してから、4大会連続で世界新体操のメダルを手にしている。特に、2018年のルール変更もあった中での表彰台キープは価値がある。日本の強みは何なのだろうか。杉本はこのように説明する。

「ルール変更で点数の上限がなくなってからは、2分半の演技の中に技をどんどん詰め込む方向になりました。今では技の個数や難度を示すDスコアは、どの国もさほど違いがありません。その中で日本が強みとして持っているのは確実に、そして美しく演技することです。同時性にも自信があります。曲に合わせた表現はどこのチームにも負けません。大会ではこういった日本らしさを、どんどん世界にアピールしていきたいです」

胸を張って誇れることはほかにもある。チームワークだ。年間350日間も共同生活をし、練習を積んでいる。

「日本はチームワークがいいんです。演技中、取りにくいところに手具が投げられて来ても、冷静に対応して、何事ごともなかったかのように演技を続けられるのも強みです」

## 目元の金色ラメに込めた思い

最高のものを目指すため、フェアリージャパンは演技以外のところにも細やかな気配りをしている。その中でも重要なのがメークだ。今年は杉本のリクエストにより、目元に金色のラメを入れているという。

「キラキラすることによって、自分の中で燃えてくる感じがあるんです。このメークに負けないように自分たちも輝こうとみんなで話しています。今回はゴールドのラメなので金色に輝きたいですね」

その思いを実現させるのが今年10月、北九州市で行われる世界新体操だ。

「世界新体操でメダルを獲得することは本当に簡単なことではありません。ですから、まずは自分たちができることを日々の練習で積み重ねていきたいです。本番で自分たちの演技をすれば、結果は必ず後から付いてくると信じています。日本チームらしさを世界の皆さまに見ていただきたいです」

interview 畠山愛理さん

## 新体操元日本代表 畠山愛理さんが教える／世界新体操の魅力！

今回の世界新体操は、五輪後というのもあり、順位が予想しにくい大会になるので、今から私もドキドキしています。初めて新体操を見る人は、ルールが難しいという印象を持っている方も多いと思いますが、新体操の魅力の一つは、スポーツの中でも、感情を伝えられる競技というところだと思っています。私が選手時代にコーチに言われていたのが、"ノーミス"の演技ができても、見ている人に何も伝わらなかったら"ノーミス"ではないということ。見ている人に「何かを伝えたい」と思って選手たちも演技をしています。世界のトップレベルの選手たちは空気も自分のものにするので、それぞれのチームで違う空気感や表現、色やストーリーを感じてもらいたいです。

技術面でも今年の日本の演技は、「どこが一番の見せ場？」と選手に聞くと「もう全部」とみんなが口を揃えて言うぐらい、すべてが難しい技なんです。サーカスのような「今どうなったの？」という演技が次々と繰り広げられるので、ドキドキだけでなく、ハラハラもさせてくれる、ある意味、舞台を見るような感覚で見てもらえると、より楽しんでもらえると思います。なかなか世界で戦う選手たちを目の前で見られる機会はないと思うので、ぜひ会場で見てもらえたらと思います。

写真・アフロスポーツ

畠山愛理（はたけやま・あいり）

6歳から新体操を始め、2012年ロンドン五輪の団体で7位入賞。2015年の世界新体操で、杉本早裕吏（写真左）とともに団体種目別リボンで銅メダル。2016年リオ五輪8位入賞、その後引退。現在は、新体操教室やメディア出演、モデルとして活躍中。

Artistic・Rhythmic
Gymnastics World Championships

# What's 世界体操・世界新体操？

初めて体操と新体操を見る人も、基礎情報を学んでおけば、もっと楽しく観戦できる！体操ファンもここでおさらいしておこう！

1903年に第1回大会が開催された世界体操（体操の世界選手権）は、今年50回目。日本開催は、2011年東京大会以来10年ぶりのこと。世界新体操（新体操の世界選手権）は、1963年に第1回が行われ、今年38回目。2009年三重大会以来12年ぶりの日本開催となる。今大会は、その歴史の中で初の同時開催という記念すべき大会なのだ！

## オリンピック後の最初のレガシー

From President

21世紀の産業革命はスポーツから

北九州出身
国際体操連盟
渡辺 守成会長

国際体操連盟（FIG）会長であり、国際オリンピック委員会（IOC）委員も務める渡辺守成氏は北九州市出身。2017年にFIG会長に就任して以来、強力なリーダーシップを発揮し、コロナ禍で世界中が不安を抱いていた昨年11月には東京で「友情と絆の国際競技会」の開催を実現し、大会を成功裏に終えた。

「北九州での世界体操・世界新体操は、全競技を通じて東京オリンピック後に日本で開催される最初の世界選手権であり、東京オリンピック後の最初のレガシーとなります。体操・新体操を通じて子供から大人まで感動を共有し、九州地区を盛り上げたい」

「日本の産業近代化は1989年に門司港が特別輸出港に指定されたことから始まりました。20世紀に日本経済を先導した北九州市が今は高齢化社会のトップランナーです。21世紀の産業革命は『高齢化社会への対応』がキーであり、1989年の門司港と同じように2021年の世界体操・新体操の開催を機に、北九州市でスポーツによる産業革命を目指しています」と語る。

# 世界体操・新体操のルール

**どのように順位が決まるのか、どんな種目があるのか、把握しておこう！**

## 採点方法

| 技の難しさ<br>Dスコア | ＋ | 技の美しさ・正確さ<br>Eスコア | ＝ | 得点 |
|---|---|---|---|---|

※ペナルティ（減点）もあり

技の難しさを表すDスコア（Difficulty）と
技の美しさ・正確さを表すEスコア（Execution= 実施）の合計点で争われる。
体操の技の難度は現在、最もやさしいA難度から最も難しいJ難度までがある。

## 体操

### 男子 6 種目

- ゆか
- あん馬
- つり輪
- 跳馬
- 平行棒

- 鉄棒

### 女子 4 種目

- 跳馬

- 段違い平行棒
- 平均台

- ゆか

**団体**

5人（or 4人）1チームですべての種目を行い、その合計点で優勝を争う。国の威信をかけたチーム戦。
※五輪の翌年（今大会）は行われない

**個人総合**

1人がすべての種目を行い、その合計点で優勝を争う。すべての種目を高いレベルで行える“オールラウンダー”の選手たちが集う。

**種目別**

種目ごとの優勝を争う。突出してその種目が得意な“スペシャリスト”たちのプライドをかけた戦いが繰り広げられる。

## 新体操

### 4 種目

- フープ
- ボール
- クラブ
- リボン

**団体**

2つの演技を行う。1つは5人同じ手具、
もう1つは2つの手具を組み合わせて演技を行う。
※今年度は、「ボール」と「フープ・クラブ」

**個人**

1人が4種目を行い競う。
団体も個人も種目別と総合がある。

※五輪がある年は例年、世界体操・世界新体操は開催されていない。

Pick up Gymnasts

# 体操男子

「日本のお家芸」と呼ばれ、世界からも注目される体操男子。今年活躍が期待される日本選手たちを紹介。この選手たちを覚えれば、あなたも体操ファンへの第一歩を踏み出せる。もっと知りたい人は、QRコードをスマートフォンで読み取って、各選手の技や紹介動画を見てみよう。選手の思いや強さの秘密を学んで世界体操本番へ。

## 日本の若き新エース 複数の金メダル獲得へ

東京五輪代表

## 橋本 大輝

DAIKI HASHIMOTO

生年月日 2001年8月7日
出身地 千葉県
所属 順天堂大学
得意種目 あん馬、跳馬、鉄棒

実績
2019 世界体操 〈団体総合〉銅メダル
2021 全日本個人総合 /NHK 杯 優勝

6歳で体操を始め、中学までは世代別代表経験はなし。高校入学後に急成長。2019年の世界体操に白井健三以来2人目となる高校生で出場、団体銅メダル獲得に大きく貢献した。今年の全日本選手権決勝では、15点台の高得点を連発し、予選7位からの大逆転で個人総合初優勝。5月のNHK杯も制し、新エースとなった。

紹介動画はこちら

体操男子

## 今最も勢いのある橋本、安定感抜群の萱

このところ急速に力を伸ばしてきたのが橋本大輝だ。今最も勢いのある大学2年生は、跳馬の「ヨネクラ（※1）」や鉄棒の「カッシーナ（※2）」といった難度の高いダイナミックな技を得意とする一方で、身体の線の美しさにも定評があり、演技の出来栄えを示すEスコアでも高得点を望める。見た目にもこの1年で明らかに上腕の筋肉がついており、苦手だったつり輪も向上中。個人総合と種目別で金メダルを争う力をつけている。

〝失敗しない男〟の異名を持つほど、ミスから縁遠い選手、萱和磨の安定感は世界を見わたしても際立っている。大学1年生だった2015年、得意のあん馬を武器に世界体操代表の座を射止めると、グラスゴーでの本大会では個人総合予選で日本勢では内村航平に次ぐ2位となって決勝に進み、初出場ながら10位と健闘した。また、種目別あん馬では、開脚倒立した状態で回転しながら台上を移動する高難度の大技「ブスナリ」を成功さ

※世界体操代表は、東京五輪後に決定

"失敗しない男"
熱いガッツポーズに注目


東京五輪代表

# 萱 和磨

KAZUMA KAYA

紹介動画は

生年月日 1996年11月19日
出身地 千葉県
所属 セントラルスポーツ
得意種目 あん馬、平行棒

実績

2019 世界体操 〈団体〉銅メダル 〈平行棒〉銅メダ
2021 NHK杯2位

安定感抜群の演技が持ち味の"失敗しない男"。9歳
操を始め、2015年の世界体操では団体で金メダル、
馬で銅メダル。2019年は、プレッシャーのかかる最
技者として団体銅メダルに貢献。演技後のガッツポ
がトレードマーク。モットーは、「練習、練習、練
リオ五輪補欠の悔しさを晴らし、東京五輪代表とな

東京五輪代表

# 内村 航平

KOHEI UCHIMURA

紹介動画はこちら

生年月日 1989年1月3日
出身地 長崎県（出生地は福岡県北九州市）
所属 ジョイカル
得意種目 鉄棒、ゆか、平行棒

実績

2008 北京五輪 〈個人総合〉銀メダル
2012・2016 ロンドン・リオ五輪〈個人総合〉2連覇
2009〜2015 世界体操〈個人総合〉6連覇
全日本選手権／ＮＨＫ杯ともに〈個人総合〉10連覇

個人総合で五輪2連覇・世界体操6連覇を成し遂げた体操界の"キング"。けがの影響もあり去年から鉄棒に専念。北九州市で生まれ、3歳まで過ごす。国内大会ではＮＨＫ杯個人総合10連覇、全日本選手権個人総合でも10連覇の偉業を達成。32歳、2児の父。

五輪4大会連続代表
伝説刻む"キング"の凱旋


後はその悔しさをバネに「日本に必要な選手になる」との目標を掲げ、苦手種目の強化に取り組みオールラウンダーへと成長。平行棒でもより難度の高い技を身につけ、２０１９年世界体操では種目別平行棒で銅メダルをもぎ取った。この年の日本勢の個人メダルはこの１つだけ。体操ニッポンの勝負強さをつないだことにも大きな価値がある。20年には跳馬で高難度の「ロペス（※3）」を習得するなど、今なお進化を遂げているのも魅力だ。

世界中の体操ファンから"キング"の愛称で人気の高い内村航平は、北九州市生まれのご当地選手だ。今回、頂点を目指すのは男子体操の華と言われる鉄棒。世界体操では過去に金メダル１個、銀メダル２個、銅メダル２個を獲得している得意中の得意種目だけに期待は大きい。最大の見どころは、昨年から組み込み始めたＨ難度の「ブレットシュナイダー」。演技の冒頭に組み込むダイナミックな離れ技は必見だ。

さらに、福岡市出身の米倉英信は、抜群の脚力とひねりの感覚を持ち合わせた跳馬のスペシャリスト。自身の名のついた高難度技「ヨネクラ」を武器に金メダルを目指す。

※1「ヨネクラ」：伸身カサマツ跳び2回半ひねり（伸身カサマツ＝側転跳び4分の1ひねり前方伸身宙返りひねり）
※2「カッシーナ」：バーを越えながら、後方伸身2回宙返り1回ひねり懸垂
※3「ロペス」：伸身カサマツ跳び2回ひねり

# 体操女子

小柄な選手たちからは想像できないアクロバティックな技、優雅で華やかな演技。日本女子の注目選手を紹介。この選手たちを覚えておけば、あなたも一人前の体操ファン！もっと知りたい人は、QRコードをスマートフォンで読み取って、紹介動画を見てみよう。選手たちのさまざまな表情を見たら、ますます北九州に応援に行きたくなるはず。

## 日本女子のエース 4年ぶりの頂点へ

東京五輪代表

## 村上 茉愛

MAI MURAKAMI

生年月日 1996年8月5日
出身地 神奈川県
所属 日体クラブ
得意種目 ゆか

実績

2017 世界体操〈個人総合〉4位〈ゆか〉金メダル
2018 世界体操〈個人総合〉銀メダル〈ゆか〉銅メダル

3歳から体操を始める。世界体操では2017年、ゆかで日本女子63年ぶりの金メダルを獲得。2018年には日本女子初の個人総合銀メダル。今年の全日本選手権とNHK杯を制し、2大会連続の五輪代表となった。好きな食べ物は、オムライスとハンバーガー。幼少期には、子役としてドラマ出演経験もあるという異色の経歴を持つ。

紹介動画はこちら

体操女子

### アクロバットの村上、"ミス・ノーミス"の畠田

世界屈指のアクロバット技と指先まで神経の行き届いた表現力の持ち主、それが村上茉愛だ。まだ高校2年生だった2013年に世界体操デビューを果たすと、種目別ゆかでいきなり4位になって世界を驚かせた。2017年世界体操のゆかで日本人選手として63年ぶりとなる金メダルを獲得してからは、"ゴムまり娘"のニックネームで親しまれ、経験を積むごとに大人の魅力を増している。

苦境を乗り越えるたびに強くなってきた。大学1年生だった2015年は調整に失敗し、代表選考会で上位に入れず涙を流した。しかしそこから這い上がり、同年秋の世界体操本番では日本女子最高の個人総合6位入賞を果たした。2019年には腰を痛めて代表から外れる屈辱を味わったが、この時も努力を重ねて復活。ゆかのH難度「シリバス（※1）」や跳馬の大技「チュソビチナ（※2）」など目を引く多くの技を持っている。週に1度、ダンスの練習を行うなど、初出場から8年たった今もさらに進

※世界体操代表は、東京五輪後に決定

## 父娘で五輪代表 抜群の安定感

東京五輪代表

# 畠田 瞳

HITOMI HATAKEDA

紹介動画はこ

生年月日 2000年9月1日
出身地 東京都
所属 セントラルスポーツ
得意種目 段違い平行棒

実績
2019　世界体操〈個人総合〉17位
2021　全日本個人総合/NHK杯 2位

小学3年生の時、体操を始める。父はバルセロナ五
体操団体総合銅メダリストの畠田好章さん、母は元ユ
バーシアード代表の友紀子さん。母の指導の下、妹の
愛とともに世界を目指している。2019年のユニバー
アードでは4種目で金メダルを獲得。早稲田大学3年
趣味は、お菓子作り。

東京五輪代表

# 平岩 優奈

YUNA HIRAIWA

紹介動画はこちら

生年月日 1998年11月21日
出身地 東京都
所属 NPO戸田スポーツクラブ
得意種目 平均台

実績
2014　全日本個人総合3位
2021　全日本個人総合/NHK杯 3位

6歳から体操を始める。指先まで伸びた美しい“エレガント”な体操が持ち味。2014年の世界体操で15歳ながら代表入りをしたが、大会直前にけがをして代表を外れる。その後苦しい時期が続いたが、今年の全日本選手権で2014年大会以来となる復活の3位。続くNHK杯も3位で東京五輪代表に。明るい髪色がトレードマーク。

## “ミス・エレガンス” 7年越しの大舞台へ

いる畠田瞳は、“ミス・ノーミス”と呼ぶにふさわしい安定感抜群のオールラウンダーだ。得意種目は段違い平行棒で、長い手足を存分に生かし、上下のバーを移動する技を武器としている。下バーから上バーへ移動する「マロニーハーフ」をいとも簡単にやってのける姿は圧巻だ。父は1992年バルセロナ五輪で男子団体総合銅メダルを獲得した畠田好章さん。母の友紀子さんもユニバーシアード代表選手、そして妹の千愛もともに世界を目指している体操一家の長女。技が成功するまで練習をやめないなど、継続力の光る選手でもある。

持ち前の美しい演技で大会に華やかさを添えると期待されるのは、平岩優奈だ。五輪代表選考会では演技の出来栄えを示すEスコアの合計で村上や畠田を上回り、全体で1位だった。大きく崩れず、どの種目も安心して任せられる実力の持ち主で、なかでもゆかの「後方伸身2回宙返り」や「足持ちターン」は姿勢の美しさが際立っている。世界体操では2014年にも代表になった経験があるが、その年はけがで出場を断念した。今回、出場すれば7年越しの大舞台。体操に懸ける情熱を演技で表現してくれるだろう。

※1「シリバス」：後方抱え込み2回宙返り2回ひねり
※2「チュソビチナ」：前転跳び前方伸身宙返り1回半ひねり

竹中七海、熨斗谷（のしたに）さくら、鈴木歩佳、松原梨恵、杉本早裕吏

Pick up Gymnasts

# 新体操

体の一部のように手具（しゅぐ）を自由自在に扱うしなやかな美しい動きや音楽に合わせたリズミカルな演技で、技術や芸術性を競う新体操。オリンピックと世界新体操では、女子のみの競技で、日本代表の愛称は、〝フェアリージャパンPOLA〟。ここでは、妖精のように舞う選手たちを紹介する。実際の演技映像を見てみたい方は、QRコードから！

新体操 注目POINT

## 3秒に1個の技が入る高難度構成！

## 金メダルへ 手具操作に注目

2015年世界新体操の団体種目別リボンで40年ぶりの銅メダルを獲得したのを皮切りに、ここ数年で飛躍的な成長を遂げている日本の新体操団体。2018年のルール改正によって技の難しさを示すDスコアの上限が撤廃されたことで、各国がこぞって高難度の技を数多く組み込む演技構成へと変化を遂げている。そんな中、日本代表は巧みな手具操作と一糸乱れぬ同調性で世界新体操での表彰台をキープ、今大会は金メダルへの期待も大きい。

メンバーを束ねるのは2013年にフェアリージャパン入りし、2014年から主将を務めている杉本早裕吏（さゆり）。ボールやフープ、クラブを確実に操る技術や、ダイナミックで躍動感のある演技を持ち味としており、チームが高得点を取るためのカギを握る選手だ。コロナ禍で苦しんだこの1年は精神面でもさらに成長し、山﨑浩子強化本部長が「一段階上に行った感がある」と語るほどのリーダーシップを発揮している。

杉本と並び、チームの精神的支柱となっているのは松原梨恵。2009年からフェアリージャパンに入り、つねに安定感のある演技を見せ続けてきた努力家だ。周囲が認めるストイックな性格で、山﨑強化本部長も「誰よりもまじめにこつこつとやる凄さがある」と舌を巻くほど。昨年1月に左第5中足骨を骨折した時にチーム全体に走った衝撃の大きさは、松原がいかに信頼されているかを物語るものだった。その後は懸命な治療とリハビリで完全復活。技術面だけではなく〝背中〟でも仲間たちを引っ張っている。

技術面でチームの要となるのは、1999年生まれの若手・鈴木歩佳だ。2017年から世界新体操に出場し、現在では連係技の中でも特に高難度の技を担うようになっている。長所は難しい技でも不安な様子を見せることなく、ダイナミックかつ確実にやりきること。しかも高難度技を連続でいくつもこなすことができ、エネルギッシュな動きは見る者をひきつける。2018年のルール改正後は、以前なら5秒に1個の技が入る程度だったところから今では3秒に1個というハイペースになっている。鈴木の手具操作の高い技術は、スピード感溢れる演技構成を可能にする原動力にもなっている。

※世界新体操代表は、東京五輪後に決定

## 注目選手紹介

団体

# 杉本 早裕吏 SAYURI SUGIMOTO

生年月日 1996年1月25日 出身地 愛知県
所属 トヨタ自動車（株）／みなみ新体操クラブ

実績 2016 リオ五輪 8位入賞 2019 世界新体操〈団体総合〉銀メダル〈ボール〉金メダル 〈フープ・クラブ〉銀メダル

2014年からキャプテンを務めるチームの大黒柱。手具操作などの器用さはチームNo.1。高校在学中に日本代表に選出。大技を担当することが多く、リオ五輪では 8位入賞、2019年の世界新体操では日本史上初の金メダル獲得に貢献した。メンバーから「さゆりん」と呼ばれている。好きな食べ物はチョコレート

# 松原 梨恵 RIE MATSUBARA

生年月日 1993年10月21日 出身地 岐阜県
所属 東海東京フィナンシャル・ホールディングス（株）／ALFA

実績 2012 ロンドン五輪 7位入賞
2016 リオ五輪 8位入賞
2019 世界新体操〈団体総合〉銀メダル〈ボール〉金メダル〈フープ・クラブ〉銀メダル

東京五輪で五輪3大会連続出場のチーム最年長。大会直前に28歳の誕生日を迎える。去年左足を骨折するもコロナ禍でのリハビリを乗り越え復活。新体操のことになると武士のように全うする性格だが、実はチームNo.1のいたずらっ子。2010〜2019年世界新体操団体メンバー。尊敬する人は、イチローと高橋尚子。

団体

団体

# 鈴木 歩佳 AYUKA SUZUKI

生年月日 1999年9月27日 出身地 岐阜県
所属 日本体育大学

実績 2019 世界新体操〈団体総合〉銀メダル〈ボール〉金メダル〈フープ・クラブ〉銀メダル

柔軟性はチーム No.1。一番運動量が多いポジションを担当。チームのムードメーカー的存在。2017〜2019年世界新体操団体メンバー。トランポリン日本代表・森ひかるとは大の仲良し。モットーは、感謝の気持ち。尊敬する人は、ウサイン・ボルト。

# 喜田 純鈴 SUMIRE KITA

生年月日 2001年1月11日 出身地 香川県
所属 エンジェルRGカガワ日中／国士舘大学

実績 2017 世界新体操 〈個人総合〉12位
2018-2020 全日本選手権3連覇

2013年、全日本選手権種目別で史上最年少の12歳で優勝。2017〜2019年世界新体操3大会連続出場。ロシア留学から2018年に地元・香川に練習拠点を戻し、中国人の劉コーチから指導を受けている。両親も新体操の経験者という新体操一家。6月の日本代表選考会で1位となり、初めて五輪出場権を獲得した。

個人

東京五輪代表

団体の紹介動画は
こちら▶

テレビ朝日

# 世界体操・世界新体操 HISTORY

オリンピックと並ぶ世界一決定戦である世界体操・世界新体操では、日本体操界の栄光の歴史が数々と刻まれてきた。
今大会で活躍が期待される選手も出場し、テレビ朝日が放送を開始した2017年大会から歴史的瞬間をプレイバック！

## 017 村上茉愛 日本女子63年ぶりの金メダル

写真・YUTAKA/アフロスポーツ

この年、目覚ましい活躍を見せたのは村上茉愛。個人総合では予選を首位で通過しながらも、決勝では平均台の落下があって4位と涙を流したが、種目別ゆかに悔しさをぶつけた。演技の冒頭で世界でも数えるほどの選手しかできないH難度の大技「シリバス」を鮮やかに成功させると、その後は躍動感のあるアクロバット技を連発。表現力も評価され、金メダルに輝いた。日本女子としては1954年世界体操の平均台で優勝した田中敬子以来、実に63年ぶりの快挙。村上は「攻めの演技ができた」と満面に笑みを浮かべた。

試合映像は
こちら▼

## 018 体操男子 団体総合銅メダル！東京五輪切符を獲得！

写真・松尾/アフロスポーツ

2017年の大会中に左足首を負傷して途中棄権していた内村航平が復活を果たし、団体総合と種目別鉄棒で2つのメダルを獲得した。内村はこの大会前にもけがをしたため、個人総合を断念、団体総合では出場種目を4つに絞って演技。3種目で日本チーム最高点をマークし、銅メダル獲得に貢献した。これで日本男子は開催国枠を除いて全競技を通じて東京五輪切符獲得第1号となった。内村は種目別の鉄棒では「カッシーナ」や「コールマン」など高難度の離れ技をダイナミックかつ美しく成功させ、銀メダルに輝いた。

試合映像は
こちら▼

## 019 快挙！ 新体操 史上初の金メダル

写真・アフロ

ここ数年で大躍進を遂げている新体操団体が快挙を達成した。まずは団体総合で44年ぶりとなる銀メダルを手にし、東京五輪の団体出場権を自力で獲得。女王ロシアに0.500点差と迫っての2位という結果だった。クライマックスは最終日の種目別「ボール」。世界一と呼び声の高い同調性と、片手キャッチの優れた技術で29.550点という高得点をマークし、日本新体操史上初の金メダルに輝いた。種目別「フープ・クラブ」でも銀メダルとなり、金1銀2を獲得。日本のメダル獲得は15年から4大会連続となった。

試合映像は
こちら▼

## 日本選手獲得メダル一覧

### 体操男子

2017年 第47回大会（カナダ・モントリオール）

| 種目 | メダル | 選手 |
|---|---|---|
| 個人総合 | 銅メダル | 白井健三 |
| ゆか | 金メダル | 白井健三 |
| 跳馬 | 金メダル | 白井健三 |

2018年 第48回大会（カタール・ドーハ）

| 種目 | メダル | 選手 |
|---|---|---|
| 団体 | 銅メダル | 内村航平、白井健三、田中佑典、谷川航、萱和磨 |
| ゆか | 銀メダル | 白井健三 |
| 跳馬 | 銅メダル | 白井健三 |
| 鉄棒 | 銀メダル | 内村航平 |

2019年 第49回大会（ドイツ・シュツットガルト）

| 種目 | メダル | 選手 |
|---|---|---|
| 団体 | 銅メダル | 谷川翔、谷川航、萱和磨、神本雄也、橋本大輝 |
| 平行棒 | 銅メダル | 萱和磨 |

### 体操女子

2017年 第47回大会（カナダ・モントリオール）

| 種目 | メダル | 選手 |
|---|---|---|
| ゆか | 金メダル | 村上茉愛 |

2018年 第48回大会（カタール・ドーハ）

| 種目 | メダル | 選手 |
|---|---|---|
| 個人総合 | 銀メダル | 村上茉愛 |
| ゆか | 銅メダル | 村上茉愛 |

### 新体操

2017年 第35回大会（イタリア・ペーザロ）

| 種目 | メダル | 選手 |
|---|---|---|
| 団体総合 | 銅メダル | |
| 団体種目別フープ | 銅メダル | |
| 団体種目別ボール・ロープ | 銀メダル | |
| 個人種目別フープ | 銅メダル | 皆川夏穂 |

2018年 第36回大会（ブルガリア・ソフィア）

| 種目 | メダル |
|---|---|
| 団体種目別フープ | 銀メダル |

2019年 第37回大会（アゼルバイジャン・バクー）

| 種目 | メダル |
|---|---|
| 団体総合 | 銀メダル |
| 団体種目別ボール | 金メダル |
| 団体種目別フープ・クラブ | 銀メダル |

# TOPICS

**テクノロジーや北九州市の資源など、**
**さまざまな技術やサービスを活用して**
**SDGs（持続可能な開発目標）の実現を目指す、世界体操・新体操。**
**スポーツイベントだけにとどまらない注目の取り組みを紹介。**

## 「床発電」でエネルギーを生み出す大会へ

床を踏むことで電力が発生する装置「床発電」を導入！ 2013年に開催されたパリマラソンでは、ゴールに176枚の床発電を敷設。37,000人のランナーにより発電された 4.7kWh の電力で、電気自動車を 24.14km 動かすことに成功した。今大会では、会場の入口ゲートに床発電を設置。そこで作ったエネルギーを使用して大会運営、場内演出、番組演出を予定している。エネルギーを消費するだけではなく、エネルギーを生み出す大会を目指す。

## 大会メダルに北九州の再生鉱山&小倉織を使用

今大会のメダリストには、北九州市の産業や伝統技術を生かしたメダルが贈られる。メダル本体は、使用済みパソコンや廃電子基板から抽出した再資源・都市鉱山を活用。北九州市内の企業「アステック入江」が金属の抽出・製作を行う。リボンには、北九州市の特産品「小倉織」を使用。タテ糸は木綿、ヨコ糸は回収した衣料を原料とした再生ポリエステルを使い、伝統と革新の技術を融合させる。ケースにも間伐材を使い、細部までこだわりを見せる。

\ 世界体操・世界新体操の開催地 /

# 北九州ってどんなところ？

九州の玄関口に位置する人口94万人の政令指定都市。昭和38年（1963）に門司・小倉・若松・八幡・戸畑の5市が合併して誕生したため、エリアごとに違った魅力がいっぱい。新鮮な海の幸や多彩なグルメも見逃せない。

What's KTQ
魅力いっぱいのエリア

area1 KOKURA

## 小倉エリア

JR小倉駅周辺に、商業ビルや商店街、オフィスなどが集まる北九州の中心地。小倉城などの観光スポットが充実する小倉北区と、平尾台があり自然豊かな郊外・小倉南区からなる。

area2 MOJIKO/ MOJI

## 門司港・門司エリア

本州と九州を結ぶ関門橋や、観光スポット・門司港レトロのある門司区。関門海峡側の門司と、豊前海側の新門司に分かれ、関門海峡たこや豊前海一粒かき、ふぐなどの海鮮が豊富。

area3 WAKATO

## 若戸エリア

開通時「東洋一のつり橋」とうたわれた若戸大橋でつながる若松区と戸畑区。若松側のたもとには、かつて日本一の石炭積出港として栄えた頃の面影が残る若松南海岸などがある。

area4 YAHATA

## 八幡エリア

官営八幡製鐵所の創業以降、重化学工業の拠点として発展してきた八幡東区・八幡西区。世界遺産の「官営八幡製鐵所関連施設」を中心に、博物館や美術館が多いのも特徴のひとつ。

©Shunkei

## 著名な漫画家をたくさん輩出

かつて国際貿易港として栄えた門司港や、官営八幡製鐵所の操業により発展してきた北九州は、文化の往来が盛んに行われてきた街。そういった環境を背景に、花開いたのが漫画文化。松本零士、わたせせいぞう、畑中純、北条司、萩岩睦美など、100人を超えるゆかりの漫画家が、北九州から羽ばたいた。

## 北九州の夏は祭りが熱い

エリアごとに多彩な祭りが行われる北九州の夏。市内の山笠・山車が一堂に集まり、総勢約1万人が踊り歩く「わっしょい百万夏祭り」に始まり、400年の歴史を持つ「小倉祇園太鼓」や、提灯山笠で知られる「戸畑祇園」、勇ましいけんか山笠「黒崎祇園」など、市民の心がひとつになって熱狂するお祭りが多くある。

## あれもこれも北九州発祥

戦後の食糧難の時代に、小倉の食堂で誕生したと言われる「焼きうどん」をはじめ、港町門司港で生まれた洋食「焼きカレー」や、日本初のアーケード商店街「魚町銀天街」など、北九州発祥のものがたくさん！　忙しい労働者のために、手入れが簡単な髪型として考案された「パンチパーマ」も、実は北九州が発祥だ。

## 映画のロケ地としても有名

雄大な自然や歴史ある建築物、工場群や昭和レトロな街並みなどがコンパクトに凝縮された北九州は、映画やドラマのロケ地に最適。「北九州フィルム・コミッション」の誘致により、これまでに、「相棒－劇場版Ⅳ－」や「劇場版 MOZU」をはじめ「図書館戦争」や「DEATH NOTE」など、実に500本以上の作品に登場。映画のロケ地めぐりも楽しめる。

世界体操

## 緑豊かな憩いの場<br>金比羅池ほとりの多目的体育館

10月18日～24日までの7日間「世界体操」の会場となる「北九州市立総合体育館」は「福岡県営中央公園」内に位置する北九州市最大規模の多目的体育館。周辺には、多様な生物が生息する「金比羅池」があり、散歩やウォーキングなども楽しめる自然豊かな会場だ。

map 1 P.81

**北九州市立総合体育館**
北九州市八幡東区八王寺町 4-1
☎ 093-652-4001

＼ 観戦ツアー事前の準備 ／

# 開催会場をチェック

**世界体操・世界新体操を盛り上げる２つの会場をご紹介。**
**会場の特徴やアクセスの方法など事前に確認しておこう！**

世界新体操

## 北九州市の中心市街地<br>小倉駅からもアクセス抜群！

10月27日～31日までの5日間「世界新体操」の会場となる「西日本総合展示場新館」は、新幹線、モノレール、バスセンターが集結するJR小倉駅から徒歩5分と利便性が高いのが特徴。会場の広さ8,000㎡、天井高13mの無柱空間で繰り広げられる、華麗な演技を目に焼き付けよう。

map 2 P.79

**西日本総合展示場 新館**
北九州市小倉北区浅野 3-8-1
☎ 093-541-5931

## 会場ACCESS

2つの会場へのアクセスは、新幹線やモノレール、バスなどが乗り入れる北九州市の交通の要所・JR小倉駅が起点となる。会場までの交通手段や移動にかかる時間を把握しておくと観戦スケジュールが立てやすい。

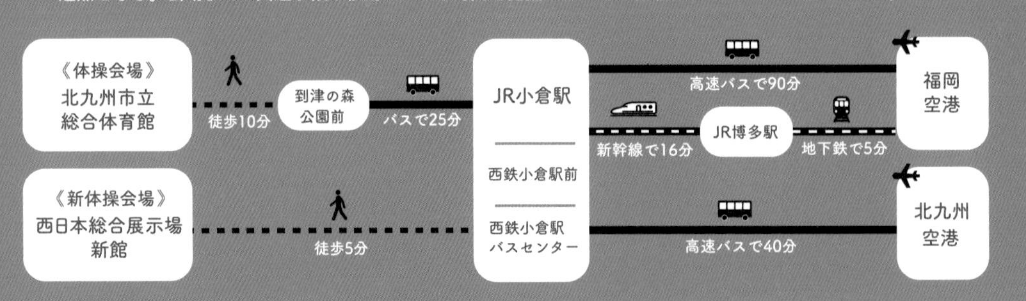

開催地・北九州を満喫！

# 畠山愛理さんとあるく小倉

## 人情溢れる美食の宝庫 小倉へようこそ

世界体操・世界新体操が行われる会場周辺の中心市街地・小倉は、城下町として栄えたシンボルの「小倉城」をはじめ、北九州の台所「旦過（たんが）市場」や活気溢れる商店街など、地元ならではのグルメが満載の人気エリア。そんな小倉の街を大会に先駆けて、畠山愛理さんと一緒に歩いた。

「初めて訪れた小倉は、人がとっても温かくて、なにより魅力的なグルメがたくさんありました。ぜひ世界体操・世界新体操とともに、街の魅力にも触れてくださいね！」

会場周辺ガイド

Pick up AREA

## KOKURA

モデルコース

# 小倉を半日で満喫！

世界体操・世界新体操の会場にもほど近い「小倉エリア」の見どころを詰め込んだオススメコースをご紹介！

START 小倉駅を出発
徒歩2分
A シロヤ
徒歩6分
B 常盤橋

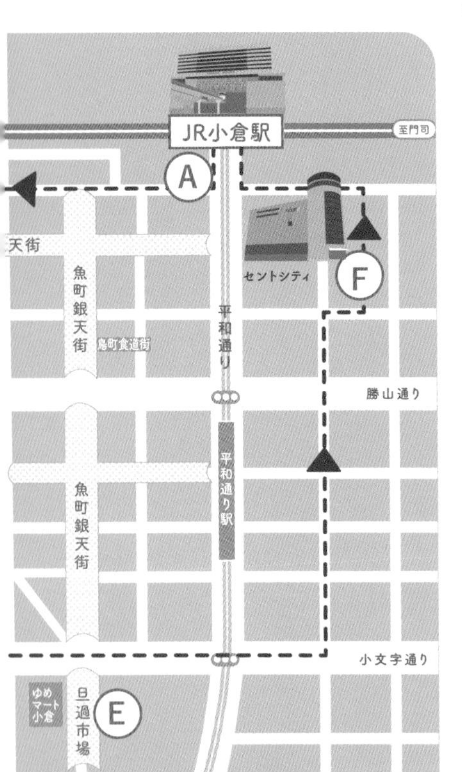


## A シロヤ 掲載P69

小倉駅前の老舗ベーカリー「シロヤ」のパンは北九州市民のソウルフード！ とろ〜りしたたる練乳「サニーパン」（100円）や、おやつにぴったりのフワとろ「オムレット」（40円）など、長きにわたり愛される、名物パンを味わおう。

駅前の商店街を歩きながら、ぱくっと食べるのにぴったりのサイズ

北九州市民のソウルフード

素朴な味わいが魅力♪

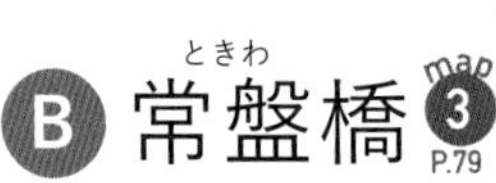

## B 常盤橋（ときわ） map 3 P.79

江戸時代の参勤交代に使われた「長崎街道」の起点「常盤橋」は、小倉城を築城した細川忠興が小倉の城下町を建設する際、町人町と武家屋敷を結ぶ橋として架けたもの。往時の姿が再現された「木の橋」を渡って、いざ小倉城へ。

## C 小倉城 掲載P34

初代小倉藩藩主・細川忠興が慶長7年（1602）に築城した城で、小倉観光のハズせないスポット。2019年に再建60年を迎え小倉城天守閣をリニューアル。小倉の歴史を楽しみながら学べるほか、最上階5階の天守閣から見る小倉の街は絶景。

伝統の小倉織を現代のアイテムに

洋服やエプロン、風呂敷やバッグなどの服飾雑貨から、インテリアのオーダーや布の量り売りまで、これだけ多くの商品を実際に手に取れるのは本店だからこそ！

**特典** 本店でご購入の方に縞縞ハギレセット（小）プレゼント！（先着30名様）

GOAL 小倉駅に戻る ← 徒歩5分 ← F 門司港地ビール工房 ← 徒歩9分 ← E 旦過市場 ← 徒歩9分 ← D 小倉 縞縞 本店 ← 徒歩8分 ← C 小倉城

全国地ビール品質審査会 2019、2021で最優秀賞を受賞した「ヴァイツェン」や大正２年に門司で生まれた「サクラビール」など、ビールはテイクアウトもOK

醸造所直営のレストラン

## F 門司港地ビール工房 

掲載 P71

北九州で唯一のクラフトビール醸造所が直営するビアレストランで、ランチやディナーはいかが？ 作りたてのビールが飲めるのはもちろん、ビールと相性抜群のグルメも豊富。なかでも「マルゲリータ」（1,320円）をはじめとする本格窯焼きピッツァはファンも多い名物のひとつ。ほかにも、耳納あかぶたを使用した「自家製シャルキュトリー４種盛り合わせ」（1,540円）や「門司港名物 焼きカレー」（1,100円）など盛りだくさん。小倉駅南口そばの便利な立地も魅力。

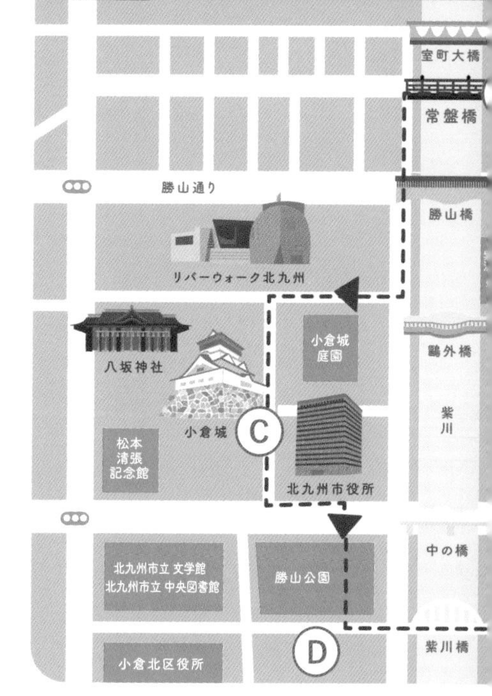


## E 旦過（たんが）市場 

掲載 P40

大正初期、隣接する神嶽川を上る船が荷をあげ商売を始めたことから、今なお賑わいを見せる“北九州の台所”。約180ｍの通り沿いに生鮮食品や飲食店、約110店舗が軒を連ねる。郷土料理の「ぬか炊き」や「小倉かまぼこ」など特産品も多く、おみやげ探しも楽しい。

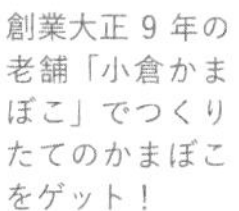

創業大正９年の老舗「小倉かまぼこ」でつくりたてのかまぼこをゲット！

活気ある雰囲気で楽しい！

## D 小倉 縞縞 本店 

掲載 P72

江戸時代初期に小倉藩の袴や帯の布として誕生した「小倉織」。リズミカルな「たて縞」が特長の綿織物で、かの徳川家康も愛用したそう。その丈夫さは、明治時代に全国の男子学生服として使用されたほど。昭和初期の戦時下で一度は途絶えたが、昭和59年（1984）に染織家・築城則子が復元し、現代の布として再生。そのシンプルかつ多彩なデザインは「小倉 縞縞」ブランドとして注目され、国内外で人気が高い。

SDGsの17の目標と多様性を表現した「SDGs」シリーズ。「小風呂敷」（1,980円）「中風呂敷」（7,150円）

城下町・小倉をあるく

# 小倉城さんぽ

大型商業施設が立ち並ぶ中心地にありながら、小倉城庭園や八坂神社など、歴史を感じるスポットが集まる「小倉城」周辺。新旧が混在する風景の中をのんびり散策してみよう。

**access**
JR 小倉駅
▼
各施設
徒歩 15 分

P79

お城ポーズを
きめていざ
散策スタート

## 城下町・小倉の 400年の歴史を学ぶ

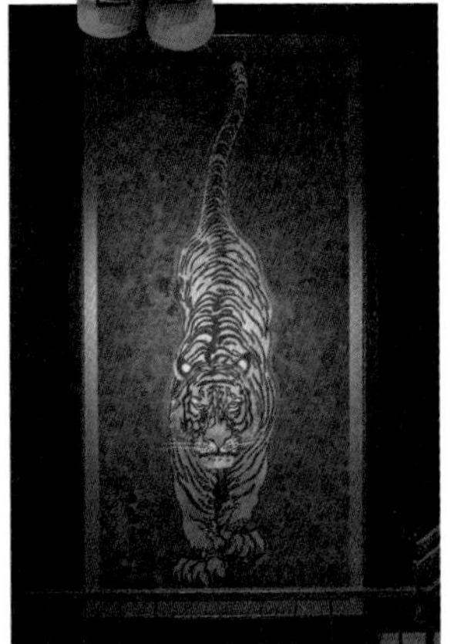

1階 階段横に展示されている「千客万来迎え虎」をモチーフにした小倉城の公式キャラクター「とらっちゃ」

がいっぱいで
気持ちいい！

## 小倉城

桜の名所として知られる「小倉城」は、初代小倉藩藩主・細川忠興が慶長7年（1602）に築城したお城。自然石を使った「野面積み」の石垣や、天守閣5階が4階より広い「唐造り」が特徴で、現在の姿は昭和34年（1959）に再建されたもの。2019年には再建60年を機に30年ぶりにリニューアル。各階の展示も一新され、小倉の歴史を楽しみながら学べるスポットに！ さらに週末限定で5階の天守閣にバーが出現。カクテルを味わいながら、夜の小倉を一望するロマンチックな楽しみ方も。

map 4

北九州市小倉北区城内 2-1　☎ 093-561-1210
🕒 9:00～18:00、11月～3月は～17:00（最終入館 30 分前）
休 無休 ¥ 一般 350 円（小倉城・小倉城庭園共通は 560 円）
中高生200 円（共通 320 円）、小学生 100 円（共通 160 円）
※天守閣バーのオープンはHP を確認
https://nightcastle.unique-venue.com/

1階から3階は体験型の展示コーナーで「小倉城シアター」や「流鏑馬ゲーム」などが楽しめる。4階は市民ギャラリーとして開放

江戸時代の大名屋敷で
和の心にひたる
街の中にこんな空間があるなんて


## 小倉城庭園

小倉城を築城した細川家の跡を継ぎ、234年にわたり城主を務めた小笠原氏の別邸を復元 。池をめぐりながら四季折々の景観が楽しめる「池泉回遊式」の庭園と、日本の礼儀作法を学べる展示室があり、椅子席の茶席では師範のお点前による抹茶と季節の和菓子が楽しめる。「書院棟」の広縁からは小倉城や庭全体を見渡すことができ、のんびり眺めているだけで、心落ち着く空間だ。

map 5 北九州市小倉北区城内1-2 ☎ 093-582-2747
9:00～18:00、11月～3月は～17:00（最終入館30分前）休 無休 ¥ 一般350円（小倉城・小倉城庭園共通は560円）、中高生200円（共通320円）、小学生100円（共通160円）

広々した畳が気持ちいい書院棟。上段の間、一の間、二の間、取次の間からなり、広縁の一部が池に張り出す「懸造り」が特徴的

## しろテラス

小倉城そばの大手門広場にオープンした「しろテラス」は、休憩スペースやおみやげコーナーを併設するおもてなし施設。登城記念で手に入れたい「御城印」や「続100名城」のスタンプをはじめ、ここでしか手に入らない城みやげがいっぱい。石垣を眺めながらひと休みできるスペースには、小倉の老舗茶屋「辻利茶舗」のカフェも。人気の「小倉城もなかセット」（620円）などを楽しみながら、小倉城散策の疲れを癒やそう。

map 6 北九州市小倉北区城内2-1 ☎ 080-1532-3273
9:00～18:00（カフェは11:00～）
休 無休 ¥ 無料

ユニークな小倉みやげ

小倉城の形がかわいい「城チョコ」（864円）と北九州の寿司をモチーフにした「鮨まろ」（1,188円）

ミステリーの巨人
松本清張の全貌に迫る


文豪の面影をたどる

# 文学さんぽ

数多くの文学作品の舞台となった小倉には、文豪ゆかりのスポットがいっぱい！

access
JR小倉駅
▼
各施設
徒歩15分圏内
P79

## 松本清張記念館

芥川賞を受賞した『或る「小倉日記」伝』をはじめ『点と線』『砂の器』などで知られる北九州市出身の作家・松本清張。ここ「北九州市立松本清張記念館」では、42歳で作家デビューし現役のまま82歳で没するまで、約40年にわたる清張の作家人生に迫る。推理小説、歴史小説、評伝、古代史、現代史とさまざまなジャンルを横断し、普遍的なテーマとして人間を描いた作品の数々。その創作活動の全貌を紹介するフロアや、書斎や書庫、応接室など、自宅の一部を再現したフロアなど見どころ満載。ここでしか買えない清張グッズが手に入るミュージアムショップや、小倉城の石垣を眺めながらくつろげる「SEICHO Café」もオススメ。

北九州市小倉北区城内2-3　☎093-582-2761　🕒9:30～18:00（入館は17:30まで）㊡月曜（祝日・休日の場合は翌日）、年末年始、館内整理日
¥ 一般600円、中高生360円、小学生240円　※小倉城・小倉城庭園との3施設共通券（一般700円、中高生400円、小学生250円）

© 松本清張記念館

© 松本清張記念館

© 松本清張記念館

約1,000篇に及ぶ創作活動の全貌を、直筆の原稿や愛用品などの展示や映像、パネルなどで紹介。清張が創作に没頭した東京都杉並区の自宅を再現したコーナーや、約700冊と言われる全著書を紹介するコーナーは圧巻。「SEICHO Café」は入館料無料。写真は「抹茶ロールケーキのセット」(600円)

荘厳な空間の中で
文学にひたる

# 北九州市立文学館

北九州ゆかりの文学者や文学の歴史を紹介する「北九州市立文学館」。森鷗外のほか、俳人・杉田久女、小説家・林芙美子、火野葦平などの文学者や、現代作家、ジャンル別の北九州の文学を知ることができる。映画監督、俳優など幅広い分野で今、活躍するゆかりの作家も紹介。直筆原稿などの貴重な資料を鑑賞できる。また、展覧会などが行われる企画展示室以外の1階部分は無料で見学できるので、文学館のシンボルでもあるステンドグラスの前で、記念撮影をぜひ。

map 8 北九州市小倉北区城内 4-1　☎ 093-571-1505
🕒 9:30〜18:00（入館は 17:30 まで）　休 月曜（祝日の場合は翌日）、12/29〜1/3　¥ 一般240円、中高生120円、小学生60 円

大分県出身の世界的建築家・磯崎新が設計した建物も必見。シンボルのステンドグラスは、同郷の思想家・三浦梅園の著書に描かれた図から磯崎自身がデザインしたもの

貴重な資料がいっぱい

# 北九州文学サロン

数多くの著名作家ゆかりの地として知られる北九州市の魅力を紹介する「北九州文学サロン」。館内では、北九州に足跡を残す作家や文芸作品のパネル展示を行うほか、「文学の街・北九州」の拠点として市内の文化情報の発信も行う。他に講座や読書会なども開催され、市民の文化交流の場としても親しまれている。

map 10 北九州市小倉北区京町 1-5-9ビル1階　☎093-383-8610
🕒11:00〜18:00（木曜のみ〜21:00）休 年末年始 ¥ 無料

文学にふれるきっかけをつくる場所

文学の街・北九州の
情報発信基地

小倉駅徒歩 5 分の「京町銀天街」内にあるサロン。館内2階には「サルタヒコ noodle＆cafe」がある

繁華街にひっそりとたたずむ

小倉時代の家

玄関先の庭では鷗外の胸像がお出迎え

# 森鷗外旧居

明治の文豪・森鷗外が旧陸軍第12師団軍医部長として小倉に赴任した際に住んだ家で、明治30年頃に建てられたものを昭和56年（1981）に復元。実際に使っていた部屋や貴重な資料が見られる資料館として開放している。鷗外は明治 32 年（1899）6月から 35年（1902）3月に転任するまでの 2年10カ月間小倉に住み、始めの1年半をここで過ごした。東京に戻ってから書いた小説『鶏』はこの家が舞台となった作品だ。

map 9 北九州市小倉北区鍛治町 1-7-2
☎ 093-531-1604　🕒10:00〜16:30　休 月曜（祝日の場合は 翌日も休館）、祝日、年末年始 ¥ 無料

注目 area1

# KOKURA

access
JR小倉駅
▼
各施設
徒歩10分圏内

P79

劇場みたいな吹き抜けが気持ちいい〜


## 小倉のランドマークで見る買う食べる

## 3大商業施設で ショッピングクルーズ

1日中楽しめる小倉駅周辺の商業施設で、北九州ならではのアイテムやグルメをハント！

©RIVERWALK KITAKYUSHU 2021

### リバーウォーク北九州

map 11 北九州市小倉北区室町1-1-1
☎ 093-573-1500 🕒10:00〜20:00（フードコート・レストラン）11:00〜 ※店舗により異なる 休無休

特典 1階総合インフォメーションにてノベルティグッズをプレゼント！

紫川や小倉城のそばに位置する「リバーウォーク北九州」は、アパレルや飲食店、映画館や劇場、美術館などが集結する大型複合施設。1階にある2つの広場では、イベントや噴水ショーも開催！

---

### マップデザインギャラリー小倉

リバーウォーク北九州 1階

小倉の地図を和テイストに仕上げた「和まっぷ」シリーズ。左から、ぽち袋（330円）一筆箋（440円）巾着大（1,100円）。旅の記念にいかが？

北九州市に本社を置く株式会社ゼンリンが企画する「Map Design GALLERY」は、ゼンリンが保有する日本全国の地図情報や、西洋製の日本古地図などを使ってデザインしたオリジナルの文具や雑貨が揃うショップ。重ねることで地図上にスポットが浮かび上がる クリアファイルや、ゼンリンの「住宅地図」をモチーフにしたノートなど、ユニークなアイテムが充実！

☎ 093-482-3510 🕒10:30〜18:30（月曜のみ）14:00〜18:30 ※祝日の場合は翌平日

### 里山商会 KOKURA

リバーウォーク北九州 1階

九州各地の「里山里海」をテーマにしたフードセレクトショップ「里山商会」。いつもの食卓をちょっとオシャレに演出してくれる調味料やジャム、ご飯のお供など、九州産のおいしいものを多数取り揃える。併設のカフェでは、甘酒を使ったドリンクやオリジナルシロップのかき氷（夏季限定）なども提供。食べて気に入ったらその場で商品を買うことも可能だ。

☎ 093-383-7608 🕒10:00〜19:00

水を入れて炊くだけでおいしい炊き込みご飯ができあがる「ママのカンタン愛情ごはん」シリーズ（各864円）

左上・福岡県産高級八女茶のかき氷（抹茶 or 焙じ茶770円）／左下・ちょっと贅沢なお茶漬けシリーズ「漁師のお茶漬け」（各432円）

## アミュプラザ小倉

### 小倉駅直結で便利！ なんでも揃う人気の駅ビル

北九州・福岡のおみやげから、流行のファッションや雑貨まで。JR小倉駅直結の便利な駅ビル「アミュプラザ小倉」は、なんでも揃う便利なスポット。改札からすぐの居酒屋ゾーン「小倉宿 駅から三十歩横丁」や、牛タンやホルモンなど人気グルメが集結したレストランゾーン「アミュダイニング」など、グルメも充実。

北九州市小倉北区浅野 1-1-1
☎ 093-512-1281（9:00〜18:00）
公式 HP をご確認ください
https://www.amuplaza.jp/
休 不定休

もちもちの新食感！
菓匠
きくたろう。


### 菓匠 きくたろう
アミュプラザ小倉 西館1階

沖縄県産の黒糖を使用した粒状のわらび餅がinした「いちごミルクわらび」（M 594 円）。ジュレ状のわらび餅を使った「とろけるわらび餅ドリンク」（各 670 円）も新登場！

小倉南区の人気和菓子店「菓匠きくたろう」のアミュプラザ小倉店。創業時の味を復刻した名物「小柳かりんとう」をはじめ、地元北九州や九州各地の素材を使用した、おはぎや串団子、揚げ饅頭など、懐かしい味わいの和菓子が楽しめる。週末には行列ができるほど人気の「もちもちわらびドリンク」もぜひ試してみて。

☎ 093-513-2828

### 小倉宿 駅から三十歩横丁
アミュプラザ小倉 東館1階

小倉駅の改札を出て30歩で行けるグルメスポット「小倉宿 駅から三十歩横丁」。広々としたオープンスペースのフロアには、「角打ち」をイメージした立ち飲みコーナーや、海鮮酒場、肉バル、餃子酒場など、魅力的な8つの飲食店が集結。毎日 11:00~19:00 は、ハッピーアワーも実施中。電車の待ち時間などにサクッと昼飲みはいかが？

☎ 各店異なる

黒おでんや屋台料理を提供する「くろがね小倉」や九州の海鮮が味わえる「小倉漁介酒場 魚衛門」など人気店が出店

### きたきゅうコロンブス
小倉井筒屋 本館6階

左・地元の人気カフェが企画した北九州デザインのドリップコーヒー3個パック（648 円）、右・井筒屋オリジナルのマスキングテープ1個（275 円）

北九州メイドの食品や地元作家の作品など、北九州の旬なアイテムを発掘してセレクトする小倉井筒屋のオリジナルショップ。メインのコーナーに並べられる商品や作家は3カ月ごとにチェンジされ、いつ訪れても新鮮な北九州の魅力に出会える。

☎ 093-522-2627

### いづつや饅頭
小倉井筒屋 本館地下1階

専用の機械が器用に焼き上げるさまはつい見入ってしまう面白さ。焼きたて1個（35 円）

井桁（いげた）の焼印がかわいい一口サイズの「いづつや饅頭」は、70年近く地元の人々に愛されている井筒屋の名物。はちみつ入りのふっくら口当たりのいい生地に、なめらかな白あんがマッチした上品な味わい。

☎ 093-522-2024

おやつや手みやげにぴったり！


## 小倉井筒屋

### 北九州市唯一の百貨店で 地元の逸品を探そう！

昭和10年（1935）創業の小倉井筒屋は、北九州市唯一の百貨店。本館と新館の2つの館は、アパレルから食料品まで豊富な品揃え。地域密着のセレクトにも定評がある。小倉の中心市街地を流れる紫川沿いに、飲食店などを集めた施設「紫江'S」も併設。

map 13
北九州市小倉北区船場町 1-1
☎ 093-522-3111 10:00〜19:00
（レストラン）11:00〜19:00
（喫茶・軽食）10:00〜19:00
※店舗により異なる 休 不定休

access
JR小倉駅
▼
各施設
徒歩10分
P79

地元グルメの宝庫！

# 旦過(たんが)市場めぐり

地元産の新鮮な食材や特産品が豊富に揃う「北九州の台所」旦過市場。昭和レトロな市場の活気ある雰囲気を味わいながら、食べ歩きや、おみやげ探しを楽しもう。

## 旦過市場

map 14 北九州市小倉北区魚町4-2-18
☎093-521-4140（旦過市場事務所）
休 土曜、日曜、祝日（旦過市場事務所）
※各店舗については、店舗により異なります。

## Ⓐ 百年床 宇佐美商店

「ぬか炊き」とはイワシやサバなどの青魚をぬか床で煮込んだ料理で、小倉の郷土料理。ここ「宇佐美商店」のぬか炊きは、親子3代100年にわたって受け継がれてきた「百年床」を使用しているのが特徴。山椒の風味や唐辛子の辛みがアクセントになった甘辛い味付けは、おかずにもおつまみにもピッタリ！

ぬか炊きは体にうれしい健康食！「いわし」「さば」（各1尾200円～）「ぬたまご」（1個150円）など。百年床の「ぬか漬け」もおすすめ

小倉の郷土料理 ぬか炊きの名店

☎093-521-7216 ⏰10:00～18:00 休 不定休

おやつやおつまみに
燻製品はいかが？

## Ⓑ 燻製処 いぶしや

2020年12月にオープンし、早くも人気の燻製専門店。店頭にはナッツ類の燻製（各500円）やスナック菓子の燻製（各00円）などがずらり。要冷蔵で「銀鮭」「サバ」「くんたま」（各500円）「枝豆」300円）などもあり、おやつやおつまみに、食べる手が止まらなくなる逸品だ。

イチオシは某スナック菓子の燻製「旦じゃ過（たんじゃが）」（300円※2パック500円）。新たな旦過名物の予感！

☎093-967-0501 ⏰11:00～17:00 休 日曜・祝日

特典 LINEの友達登録 またはInstagramをフォローしてくれた方に小袋入りの燻製品プレゼント！

## Ⓓ 藍昊堂菓子舗（あおぞらどうかしほ）

大人気の「こぶたのプリン」(370円～)や、宮崎銘菓「チーズ饅頭」(180円) をはじめ、全粒粉のスコーンやグルテンフリーの商品など、こだわりのスイーツやパンが買える「藍昊堂菓子舗」。不要な添加物を使用せず、すべて手づくりの「おやつ」は、安心・安全で、素朴な味わい。

☎093-383-8961 ◷10:00～18:11（日曜・祝日）11:00～17:11 休不定休

九州産の素材のみでつくる、やさしい甘さの「こぶたのプリン」(5～6種類)と、宮崎出身の店主がつくる「チーズ饅頭」は必食！

旦過市場名物 カナッペ食べよう

「もろこし天」(…円)や「まるごと…茸天」(160円)…店頭には約20…が並び、あれも…も食べたくなる

## Ⓒ 小倉かまぼこ 旦過店

大正9年(1920) 創業の老舗「小倉かまぼこ」では、最高級のイトヨリダイのすり身をその日使う分だけすりあげて、一つ一つ手作業でつくる、出来たてのかまぼこが味わえる。なかでも一番の名物と言えば「カナッペ」(150円)。すり身に玉ねぎ・にんじん・胡椒を混ぜ込み、周りを薄いパンで巻いて揚げた逸品で、外はサクサク、中はふわっとした食感がたまらない。

☎093-521-1559 ◷9:30～18:00 休日曜・祝日

### 掲載店舗マップ

100年以上の歴史を持つ「旦過市場」。約180mの通り沿いに110店舗以上がひしめくように軒を連ねる。2021年から老朽化による再整備が始まり、現在の姿が見られるのはあと少し。この機会にぜひ立ち寄って。

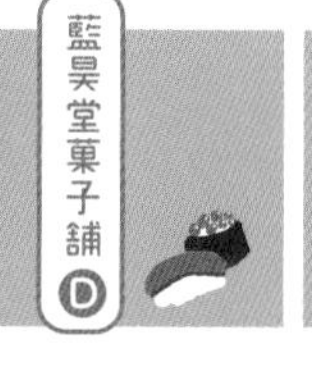
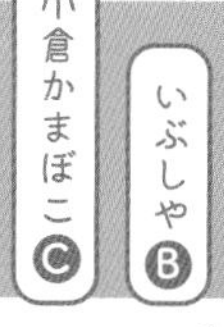

旦過市場を味わい尽くす 名物「大學丼」



ボリューム満点の丼ができました！

## Ⓔ 大學堂

刺身350円＋明太子200円＋もろこし天200円＋ご飯で1,000円也！

市場の中間地点にある“縁日”のようなオープンスペース。昔懐かしいレコードの音色に誘われて、ふらりと立ち寄りたくなるのが、北九州市立大学「九州フィールドワーク研究会（野研）」が運営する「大學堂」だ。2008年のオープン以来、先輩から後輩へ何度も代替わりしながら、学生たちが店頭に立ち、カフェ営業やイベントを行ってきた。そんな「大學堂」の名物と言えば「大學丼」。丼に入った白米(250円) を購入し、市場をめぐって好みの食材でオリジナル丼をつくる画期的なメニュー。丼が完成したら大學堂に戻っていただこう。醤油などの調味料はサービス。+100円で味噌汁のオーダーもできる。

☎080-6458-1184 ◷10:00～17:00（大學丼は11:00～）休水曜・土曜・日曜・祝日

明治時代に開港し、日本有数の国際貿易港として栄えてきた門司港。海沿いに整備された「門司港レトロ」地区には、歴史的建造物が立ち並び、ノスタルジックなまち歩きが楽しめる

**access**
JR小倉駅
▼
JR門司港駅
約13分

P78

ネオ・ルネサンス様式の優美なコンコースの内装や、柱が連なる長いホームは壮観。九州鉄道の起点としての歴史が感じられる

駅舎としては日本で初めて国の重要文化財に指定された「JR門司港駅」（現役の駅舎ではJR東京駅とJR門司港駅のみ）。2012年から始まった約6年にわたる保存修理工事を終え、2019年にグランドオープン。石貼り風にモルタルを塗った外壁や、天然石盤葺きの屋根などが、大正3年（1914）創建時の姿に復原された。駅舎の2階には創建時から昭和56年（1981）まで営業していた高級洋食店「みかど食堂」もオープン。1階の待合室を改装した「スターバックス コーヒー 門司港店」では、趣ある空間でコーヒーが味わえる。

map 15 JR門司港駅　北九州市門司区西海岸1-5-31
☎093-321-8843

## 九州の玄関口 門司港駅へ

## 人力車でラクラク 門司港めぐり

レトロな街並みを観光人力車で爽快に走る！ JR門司港駅前を起点に、1区間約1.2km～。有名な観光名所から、知る人ぞ知る穴場まで、門司港の魅力を知り尽くした俥夫たちによる門司港案内を楽しもう。

map 16 人力車 えびす屋 関門店

北九州市門司区本町3-20　☎093-332-4444
9:30～日没まで（シーズンにより変動あり）※予約が確実
¥1区間1名3,000円～、2名4,000円～　特典 10％OFF

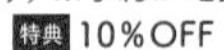

gourmet

レストランは 11:00〜15:00・17:00〜21:00 営業、不定休
☎093-332-1000

ふぐ料理や焼きカレーをどうぞ

アールデコ調の装飾が美しい洋館

かのアインシュタイン博士が夫婦で宿泊した「門司三井倶楽部」は、大正 10 年（1921）に、三井物産門司支店の社交倶楽部として建てられたもの。1 階にはレストラン「三井倶楽部」があり、格調高い店内で門司港名物が味わえる。2階にある「アインシュタイン・メモリアルルーム」や門司出身の女流作家・林芙美子の「林芙美子記念室」の見学もオススメ。

## map 17 旧門司三井倶楽部

北九州市門司区港町 7-1
☎093-321-4151 🕒9:00〜17:00 休 無休
¥（2 階のみ）大人 150 円、小中学生 70 円

アーチ型の窓と八角形の塔屋が目印

art gallery

門司港描き下ろしの作品もあり

わたせせいぞうギャラリー。観覧料・大人150 円、小中学生70 円（年 2 回の作品入替休館あり）

大正6年（1917）に建てられた海運会社「大阪商船門司支店」を修復したもので、かつて門司港から出港していた海外への客船の拠点の一つとして使用されていた建物。現在1階は、北九州出身のイラストレーター・わたせせいぞうのギャラリーや、地元クリエイターの作品が展示された「門司港デザインハウス」、カフェなどがあり、2 階は貸しホールとして利用されている。

## map 18 旧大阪商船

北九州市門司区港町 7-18
☎093-321-4151 🕒9:00〜17:00
休 年中無休 ¥ 無料

local gourmet

## 絶対食べたい！門司港グルメ

### ちゃんら〜

和風スープにちゃんぽん麺を入れ野菜たっぷりでいただく「ちゃんら〜」。戦後の貧しい時代に安くてお腹いっぱい食べられると門司港の食堂などで流行り、いまなお愛される一杯だ。ここ「二代目清美食堂」の「ちゃんら〜」（500 円）は、のど越し抜群の麺とやさしい味わいのスープが魅力！

## map 20 二代目 清美食堂

北九州市門司区東港町 2-25 ☎093-342-9386
🕒 11:00〜15:00・17:00〜21:00（日祝 11:00〜19:00）休 火曜

### 焼きカレー

港町・門司港で生まれたハイカラなメニュー「焼きカレー」はレトロ地区の20店舗以上で味わうことができるローカルグルメ。なかでも門司港駅そばにある「ベアフルーツ」の「スーパー焼きカレー（935 円）」はスパイシーなソースが人気の一皿。

## map 19 BEAR FRUITS

北九州市門司区西海岸 1-4-7
☎093-321-3729
🕒11:00〜22:00
（金土祝前日〜23:00）休 無休

P78

モデルコース

# 和布刈(めかり)で海峡を一望！

トロッコ列車に乗って関門海峡を間近に望む和布刈公園へ——

九州鉄道記念館 ……徒歩1分…… 潮風号 九州鉄道記念館駅 ……トロッコ列車10分…… 潮風号 関門海峡めかり駅 ……徒歩5分…… 和布刈神社 ……徒歩15分…… めかり公園 第二展望台

公園内に整備された木製の展望デッキから見る関門橋や関門海峡の潮流は迫力満点

### map 21 めかり公園 第二展望台

北九州市門司区旧門司2丁目
見学自由

tourism

海峡の街をのんびり走る
片道10分の旅


小型のディーゼル機関車が客車2両を挟んで走る観光トロッコ列車。九州鉄道記念館駅を出発し終点の関門海峡めかり駅まで、日本一短い2.1km区間を日本一ゆっくりな時速15kmで走行する。

潮風を感じるオープンな客車。途中のトンネルでは天井に絵が浮かび上がる楽しい演出も

### map 23 北九州銀行 レトロライン潮風号

北九州市門司区西海岸1-7-1 ☎093-331-1065
2021年3/6日～8/31の土・日・祝日（ただし春休み・GW・夏休みは毎日運行）休9月～11月
普通乗車券（片道）大人300円、小児150円
1日フリー乗車券大人600円、小児300円

子供も大人も楽しめる 体験型の鉄道記念館

明治24年（1891）に九州鉄道本社屋として建てられた、赤煉瓦の建物を修復してつくられた鉄道記念館。施設内には蒸気機関車や人気列車の実物展示、駅員の歴代制服から駅弁ラベルまで、見て、触れて、遊べる展示が充実。

九州各地で活躍した車両を展示

ミニ鉄道公園では、本格的な設備で運転体験ができる

### map 22 九州鉄道記念館

北九州市門司区清滝2-3-29
☎093-322-1006 9:00～17:00（最終入館16:30）
休第2水曜（祝日の場合は翌日）ただし7月第2水曜・木曜、8月は休みなし ¥大人300円、中学生以下150円、4歳未満無料

museum

event

毎年旧暦の元旦に行われる和布刈神事

©T.Nishimura

©Takumi Ota

西暦200年頃に建てられ、導きの神様として信仰されてきた「和布刈神社」。九州の最北端に位置し、関門海峡に面して立つ荘厳な社殿が印象的だ。関門海峡の早瀬や、鳥居越しに見る夕日スポットとしても人気。毎年旧暦の元旦に、神職が海でワカメを採り神前に供える「和布刈神事」は全国に知られる。境内には「月と四季」をテーマにしつらえられた授与所や、築約60年の母屋を改装したギャラリーなどもある。

©Takumi Ota

©Takumi Ota

ギャラリー「母屋（ひもろぎ）」は、古道具や衣類、陶器などを扱うお店。心身が整うような空間の授与所では、御守や献上わかめが受けられる

### map 24 和布刈神社

北九州市門司区門司3492 ☎093-321-0749
見学自由（授与所は9:30～17:00、母屋の営業は月金土の11:00～17:00）

モデルコース

# 関門クルーズ満喫！

九州と本州をつなぐ「門司港」と「下関」間連絡船で行き来する

関門海峡ミュージアム
徒歩1分
関門汽船 門司港乗り場
関門連絡船5分
関門汽船 下関乗り場
徒歩3分
唐戸市場
徒歩3分
関門汽船 下関乗り場
巌流島連絡船10分
巌流島

GOAL

剣豪・宮本武蔵と佐々木小次郎が決闘したことで知られる無人島

## 25 巌流島

下関市大字彦島字船島 648
見学自由

museum

## 関門海峡の歴史を体感する海の博物館

令和元年にリニューアル

関門海峡の自然と歴史を体感できる体験型博物館。2階～4階の吹き抜けを利用した「海峡アトリウム」では巨大スクリーンで迫力の映像が楽しめる。2階「海峡体験ゾーン」では、操船シミュレーションやコンテナクレーンゲームなどで遊びながら学ぶことも。

## 26 関門海峡ミュージアム

北九州市門司区西海岸1-3-3 ☎093-331-6700
10:00～18:00（季節で変動あり）休 不定休
¥ 有料展示ゾーン大人500円、小中学生200円

絶景が見渡せるプロムナーデッキ（写真上）や大正時代街並みを再現したエリア（下）など見どころ盛りだくさん

採れたての鮮魚や海産物が手に入る下関の台所。市場の2階には海鮮をあつかう食堂や寿司屋が並ぶ。週末と祝日に行われる「活きいき馬関街」では、市場内に海鮮屋台が並び大賑わい。下関名物・ふぐの握りをはじめ新鮮な寿司や海鮮丼などメニューが豊富で、目移りすること間違いなし。

## 名物・ふぐをはじめ新鮮な海鮮がズラリ

好きなネタを1貫から

gourmet

## 28 唐戸市場

下関市唐戸町5-50 ☎083-231-0001 （平日・土）5:00～15:00、（日祝）8:00～15:00 休 水曜（不定休）、お盆、年末年始
※活きいき馬関街は（金土）10:00～15:00、（日祝）8:00～15:00に開催

cruising

## 潮風を受けながら関門海峡を渡る

わずか5分で対岸の下関へ

門司港レトロから5分。関門連絡船で対岸の本州・下関へ渡り、巌流島連絡船で巌流島へ。門司港～下関～巌流島の航路が1日乗り放題になる「トライアングルフリーパス」は、大人1,000円、小人500円。気軽に非日常へ。

## 27 関門汽船

北九州市門司区西海岸1-4-1 ☎093-331-0222
関門連絡船（平日）6:15～21:50発、（日祝）7:10～21:50発
¥ 関門連絡船（片道）大人400円、小人200円

デートにぴったり関門エリア

### 7つのハートを探そう

関門の街並みに隠れた7つのハートを探しながら、関門エリアを散策してみよう。ハートを見つけたら写真を撮って #kanmonheart でSNSへ！全部見つけたら幸せになれるかも？

### 関門は「恋人の聖地」

門司港レトロのはね橋「ブルーウィングもじ」と下関の「海峡ゆめタワー」は「恋人の聖地」認定のデートスポット。ロマンチックな夜景が特にオススメ。

# MOJIKO

門司港エリア

## 清滝の路地裏

かつて料亭などが軒を連ねた
山の手の路地に迷い込む

access
JR門司港駅
▼
各施設
徒歩10分圏内
P78

関門海峡が見渡せる眺めが自慢

museum

明治大正期に官庁街として賑わい、接待用の料亭が軒を連ねた清滝界隈。石塀が続く路地や格子のある木造家屋が密集するどこか懐かしい路地裏には、昔ながらの角打ちや旅館、民家を改装したカフェやギャラリーが点在する。そんな清滝を象徴するのが、昭和6年（1931）建築の「三宜楼」。現存する木造3階建ての料亭建築としては九州最大級を誇る建物で、館内を自由に見学することができる。

見晴らしのいい2階の大広間「百畳間」は必見！館内には老舗「春帆楼」がプロデュースする「三宜楼茶寮」もあり、予約制でふぐ料理を味わえる

### map 29 三宜楼（さんきろう）

北九州市門司区清滝 3-6-8　☎ 093-321-2653
10:00～17:00　休 月曜　¥ 無料

オーナーは清滝地区の再生を目指す「MOJIHTO（モジート）の会」代表の河辺美佐さん。近年、この辺りには魅力的なお店が増えつつある

三宜楼奥の坂道を山側へ歩くと、入り組んだ路地の一角に、小さな古民家ギャラリーがある。1階には器や木工、和紙など、北九州ゆかりの作家の作品を展示。2階は貸スペースでイベントなどを開催する。散策の途中に、ふらりと立ち寄りたいスポットだ。

### map 31 路地裏ギャラリー moji*loji

北九州市門司区清滝 4-4-16　☎ 090-5080-4711
12:00～17:00　休 平日

地元作家の作品が買える

gallery

standing bar

レトロな角打ちで一杯

昭和20年頃に今の場所に移転し、3代目になる老舗の角打ち。こぢんまりとした店内は、昭和の時代のまま。セルフサービスで冷蔵庫からお酒を取り、自由に飲み始めよう。ここでしか飲めない、地元・溝上酒造とのコラボ酒「うおずみ」もオススメ。

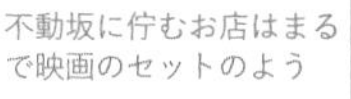

不動坂に佇むお店はまるで映画のセットのよう

### map 30 魚住酒店

北九州市門司区清滝 4-2-35　☎ 093-332-1122
9:00～21:00　休 無休

access
JR小倉駅
▼
JR門司駅
約5分
P78

門司エリア
# 門司赤煉瓦プレイス

100余年の歴史を刻むビール工場跡地を潮風を浴びながら歩く

門司駅海側の観光スポット「門司赤煉瓦プレイス」は、明治45年(1912)に設立された九州初のビール会社「帝国麦酒株式会社」の跡地を利用した複合施設。国の登録有形文化財で近代化産業遺産に認定されている、門司麦酒煉瓦館・旧サッポロビール醸造棟・旧組合棟・赤煉瓦交流館の4棟に、資料館や写真スタジオ、イベントホールや飲食店などが集まっている。目印となる赤煉瓦造りの高層建築「旧サッポロビール醸造棟」は大正2年(1913)に建てられ、戦後サッポロビールの九州工場として平成12年(2000)まで稼働した。

## map 32 門司赤煉瓦プレイス

北九州市門司区大里本町 3-11-1　☎093-372-0962(門司赤煉瓦倶楽部)
🕒施設により異なる　休 施設により異なる

海沿いに整備された
門司の人気スポット

landmark
7階建ての旧サッポロビール醸造棟が目印！

museum
昭和初期まで醸造されていた幻のビール

サッポロビールのレシピを元に、地元の門司港地ビール工房が再現した「サクラビール」は、市内の酒屋や土産物屋で購入できる

ビールの歴史が学べる資料館

大正2年(1913)建築の「門司麦酒煉瓦館」は、帝国麦酒株式会社の旧事務所棟で、現存する最古級の鉱滓煉瓦建築。館内は資料館や市民ギャラリーとして利用され、かつてこの地で醸造され世界を席巻した「サクラビール」の歴史や、旧サッポロビール九州工場の歴史を紹介。貴重な展示物やVR体験などが楽しめる。

## map 34 門司麦酒煉瓦館

門司赤煉瓦プレイス内　☎093-382-1717　🕒9:00～17:00
休 12/29～1/3　¥ 大人100円・中学生以下50円

歴史ある建物の中で絶品カレーランチ

醸造棟の一角にある「Cafe de Brique」は北九州出身のイラストレーター・わたせせいうが描いた門司赤煉瓦プレイスの絵に出てく架空の店がモデルとなったダイニングバー。ンチタイムの人気は「蒸し野菜と蒸し鶏のダチオーブンカレー」(1,200円)。ディナータイは豊富なアラカルトやドリンクが揃う。

gourmet
趣ある内装も必見！

奥のソファー席には旧サッポロビールの醸造機器が

## map 33 Cafe de Brique

門司赤煉瓦プレイス内　☎093-371-2600
🕒11:30～14:00、18:00～22:30、22:30～24:00
休 月曜(祝日の場合は営業。翌日火曜が代休)

戸畑渡場から若戸渡船に乗って石炭積み出し港として栄えた当時の面影を求めて若松へ

戸畑と若松をむすぶ若戸大橋の下をくぐって、戸畑渡場から約3分、片道100円で味わえる気軽な船の旅へ。若松側の渡場周辺・若松南海岸には、大正期に建てられた貴重な建物が点在し、石炭景気で栄えた当時の息づかいが感じられる。シンボリックな「旧古河鉱業若松ビル」をはじめ、シンメトリーな洋風建築の「石炭会館」や、映画のロケ地としても知られ、カフェなどが入居する「上野海運ビル」など、海岸沿いの散策コースにぴったり。

## map 35 若戸渡船（若松渡場・戸畑渡場）

（戸畑渡場）北九州市戸畑区北鳥旗町 11-1（若松渡場）北九州市若松区本町 1-15-21　☎093-861-0961（北九州市渡船事業所）
🕒5:00 台～22:00 台まで　㊡無休　¥（片道）大人100円、小児50円

**access**
西鉄バス 小倉駅入口
▼
西鉄バス 戸畑渡場
約27分
📍P81

ふたつの街をむすぶ
約3分のクルージング

view point
真っ赤な吊り橋若戸大橋が間近に！
戸畑 3分 若松 のりば
若戸渡船


小倉駅や博多駅などでも人気のクロワッサン専門店「三日月屋」の1号店。外はサクサク、中はもっちりのクロワッサンは、厳選された素材と天然酵母を使った逸品。定番のプレーンをはじめメープルやチョコなど常時12種類＋季節限定の商品が並ぶ。

明治38年（1905）に建てられた石炭商同業組合の事務所「石炭会館」内にあるお店

gourmet
バターのいい香り♪
三日月屋の1号店はココ！


## map 37 三日月屋 若松店

北九州市若松区本町 1-13-15　☎093-771-7979
🕒9:30～19:00　㊡1/1、1/2

land mark
1階ではあんぱんの販売もあり
若松南海岸のシンボル的存在


炭鉱経営をしていた古河鉱業の元自社ビルで、築100余年の歴史を誇る建物。保存運動によって現在はコミュニティーホールとして活用されている。煉瓦造りの外観は、円形の塔屋が特徴的。細部に幾何学模様のデザインが施され、大正初期のオフィスビルを知ることができる貴重な存在だ。

## map 36 旧古河鉱業若松ビル

北九州市若松区本町 1-11-18　☎093-752-3387
🕒9:00～17:00　㊡火曜、年末年始　¥見学・休憩無料

注目 area4

# YAHATA

access
JR小倉駅
▼
JRスペースワールド駅
約12分
P81

八幡エリア

## 世界遺産をみる

日本の近代化を支えた官営八幡製鐵所のお膝元・八幡エリアの世界遺産や産業遺産をめぐろう

平成27年（2015）、世界文化遺産に登録された「明治日本の産業革命遺産」。幕末から明治にかけ、日本の近代化を支えてきたこの遺産群は、北九州市を含む8県11市にまたがる23遺産で構成されている。そのうちのひとつが、明治34年（1901）に東田の地で創業した日本初の銑鋼一貫製鉄所「官営八幡製鐵所」。ここ「旧本事務所」の「眺望スペース」ではガイドやVRコンテンツ体験ができ、往時の様子を垣間見ることができる。

### map 38 官営八幡製鐵所旧本事務所 眺望スペース

北九州市八幡東区東田 5丁目 9:30～17:00（入場～16:30）
休 月曜、年末年始 ¥ 無料

VRやタブレットを使った見学ツアーを体験！

写真提供：日本製鉄（株）九州製鉄所

明治32年（1899）に完成した初代本事務所。中央にドームを持つ左右対称形の赤煉瓦建造物で、長官室や技監室、外国人顧問技師室などが置かれた。※内部非公開

view point
見学用の眺望スペースがあるよ

官営八幡製鐵所の工業用水を確保するため、大正8年（1919）から昭和2年（1927）まで8年の歳月をかけて建設された今なお現役の貯水池。ヨーロッパの古城を思わせる石造りの堰堤や、河内5橋と呼ばれる5つの橋が、豊かな自然に溶け込むスポット。

view point
現存する銅橋では日本で唯一の南河内橋

桜や紅葉の名所としても知られる

※南河内橋（めがね橋）は、橋梁補修工事中。

高さ43.1m、幅189mを誇る石造りの堤防の上は散策コースになっている

### map 40 河内貯水池

北九州市八幡東区河内1丁目
見学自由 休 年中無休 ¥ 無料

land mark
鉄の街・北九州を象徴する記念碑

日没後からライトアップも

鉄鉱石を溶かし銑鉄を生産してきた「東田第一高炉跡」（高さ70.5m）をモニュメントとして保存する史跡広場。現存の第10次改修高炉は昭和37年（1962）～47年（1972）まで操業したもので、市の史跡として文化財に指定されている。敷地内では高炉の炉前作業を再現した様子や、高炉の中の見学が可能。高炉での「鉄づくり」が学べる。

### map 39 東田第一高炉史跡広場

北九州市八幡東区東田 2-3-12 9:00 ～ 17:00
休 年末年始 ¥ 無料

北九州の夜は
ロマンチック！

# 必見 夜景SPOT

**「日本新三大夜景都市」に選ばれている北九州市には、すてきな夜景スポットが目白押し！さぁ今宵あなたはどこから夜景を見ますか？**

若戸大橋

Wakato Bridge

## シンボル・若戸大橋を望む展望台

戸畑区と若松区を結ぶ長さ627mの吊り橋で、昭和37年（1962）の開通当時、東洋一の長さを誇った「若戸大橋」。夜空に浮かび上がる真っ赤な躯体を望むなら「高塔山公園」へ。標高 124mの山頂にある展望台からは、若戸大橋や洞海湾周辺の工場夜景など、「日本夜景遺産®」にも認定される多彩な夜景が楽しめる。

map 41 P.81 **高塔山公園展望台**

北九州市若松区大字修多羅
終日見学自由 休 無休 ¥ 無料

皿倉山

Mt.Sarakura

## 山頂から「新日本三大夜景」を満喫

「恋人の聖地」にも認定されているデートスポット・皿倉山から見る夜景は、夜景愛好家たちに"100億ドル"と評され「新日本三大夜景」に選ばれるほど迫力満点。展望台のある標高 622mの山頂へは、西日本最長級のケーブルカーとスロープカーを乗り継いで向かおう。山麓から山頂まで進むこと約10分。到着した日没後の展望台からは、漆黒に染まりゆく海を縁取るようにきらめく工場群や、地上に浮かび上がる高速道路や鉄道の光が一望できる。

ケーブルカーを降りたら「山上駅」から「山頂展望台駅」までスロープカーに乗って約 3 分間、天空をスライド。全面ガラス張りの車窓からは、大パノラマの景色が楽しめる

map 42 P.81 **皿倉山ケーブルカー・スロープカー**

北九州市八幡東区大字尾倉 1481-1 ☎093-671-4761（皿倉登山鉄道株式会社）
（4 月～6 月、9 月～10 月）10：00 ～上り最終 20：20・（7 月～8 月）10:00～上り最終 21:20・（11月～ 3 月）10：00 ～上り最終 19：20 休 火曜 ※祝日、7・8 月、イベント時除く ¥ 往復通し券・大人 1,230 円、小人 620 円

特典 往復通し券・大人1名のみ 200 円引 ※皿倉山ケーブルカー山麓駅窓口のみ対応可

## 高さ103mの展望室から門司港レトロを一望

夜の門司港レトロ地区は、門司港駅をはじめとする歴史的建造物がライトアップされ、昼間とは違った魅力がある。毎年11月～3月にはイルミネーションの点灯も行われ、街中が幻想的な雰囲気に包まれる。その様子を一望できるのが、日本を代表する建築家・黒川紀章が設計した「門司港レトロハイマート」の最上階にある展望室。高さ103mからきらめく門司港の夜景が見渡せるとあってデートスポットとしても人気だ。

Mojiko Retro

門司港レトロ

2019年に復原工事が終了した「JR門司港駅」は、ライトアップもリニューアル。駅前に広がるレトロ広場の噴水とともに、美しい景観が楽しめる。点灯時間は日没後から

### map 43 P.78 門司港レトロ展望室

北九州市門司区東港町1-32　☎093-321-4151
🕒10:00～22:00（最終入館21:30）休 年4回不定休
¥ 大人300円、小中学生150円

工場夜景

写真左／日鉄ケミカル＆マテリアル九州製造所（戸畑区）の夜景を西港（小倉北区）から鑑賞。水面に映るカラフルな照明が幻想的。写真下／小倉港発「夜景鑑賞定期クルーズ」の航路にも組み込まれている三菱ケミカル㈱黒崎事業所（八幡西区）の工場夜景

## 幻想的な工場夜景を船上から楽しむ

北九州ならではの工場夜景を楽しむなら「夜景観賞定期クルーズ」がオススメ。毎月第1・2・3・5土曜・日曜は小倉港から出港する「工場夜景観賞コース」、第4土曜・日曜は門司港から出港する「関門夜景＋工場夜景コース」の2コースがある。

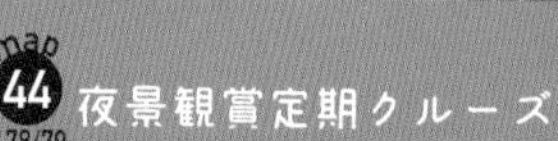

### map 44 P.78/79 夜景観賞定期クルーズ

北九州市小倉北区浅野3-9-1（小倉港）
北九州市門司区西海岸1-4-1（門司港）
☎093-331-0222（関門汽船株式会社）
🕒夜景観賞定期クルーズは土日のみ／（～9月）19:00出発・（10月）～18:3
出発　¥ 大人2,500円、小学生1,250 P

北九州の自然を満喫しよう

# 映える！絶景SPOT

市街地から少し離れるだけで大自然が待っている北九州。思わず写真に収めたくなる絶景をご紹介

## カルスト台地で自然体験

日本三大カルストのひとつで、国の天然記念物・国定公園・県立自然公園に指定されている「平尾台」。標高300～700m、南北6km、東西2kmにわたり点在する石灰岩は、遠くから見ると羊の群れのように見えることから「羊群原」と呼ばれている。四季折々の自然が楽しめる北九州の人気観光地で、トレッキングやケイビング、パラグライダーやグランピングなど、大自然を満喫できるスポットだ。

## 平尾台

map 45 P.80 北九州市小倉南区平尾台

### 平尾台で体験！

### SSAパラグライダースクール

麓の里山や周防灘を眺めながら鳥になった気分で空中遊泳。平尾台の東端「桶ガ辻」のピークを拠点に活動する SSA パラグライダースクール。初心者には斜面を使って浮遊感を体験する「プチ体験」がオススメ。その他ライセンス取得や競技会など、多彩なメニューが揃う。

map 47 P.80 京都郡苅田町鋤崎 600
☎093-025-8834 平日 10:00 ～ 17:00、土日祝 9:00 ～ 17:00（季節、天候により変動あり）
休 火曜、第1･3 水曜 ¥ プチ体験（2 時間程度）5,000 円 ※２日前までの要予約制

### FOREST CAMP KOKURA - グランピング福岡 -

カルストの雄大な景色を一望できる「平尾台自然の郷」敷地内に 2021年5月、北九州初のグランピング施設がオープン。満天の星の下、冷暖房完備のラグジュアリーなテントで、気軽にキャンプが体験できる。夕食は、旬の地元食材を使った BBQ。朝食は特製のお弁当付き。

map 46 P.80 北九州市小倉南区平尾台 1-1-1 ☎080-6446-0111
IN15:00～・OUT10:00（4 月～11月のみ営業）休 火曜
¥ 1名 21,340 円 ～(1 泊 2 食付・2 名1 棟利用時）※変動あり

# 遠見ヶ鼻

## 北九州屈指の夕陽スポット

若松区の若松北海岸にある岬で、水平線に白い「妙見埼灯台」が映える絶景スポット。周辺の地層は芦屋層群と呼ばれ、県の天然記念物に指定されている。長い年月をかけて雨や風に侵食された岩肌は、独特の縞模様が特徴的。太古の貝やサメの歯など化石を探し歩くのも楽しい。果てしなく広がるスカイブルーの景色も最高だが、海面を染める美しい夕陽も必見。

map 48 P.81
北九州市若松区大字有毛岩屋海岸
見学自由　無休

# 千仏鍾乳洞

## 大自然の神秘を体感！

昭和10年（1935）に国の天然記念物に指定された鍾乳洞で、200を超える平尾台の鍾乳洞のなかでも「目白鍾乳洞」「牡鹿鍾乳洞」と並ぶ三大観光鍾乳洞のひとつ。大小30余りの鍾乳石が垂れ下がる迫力の入口から、照明が整備されているのは900m先まで。480m地点からは、足を水に浸しながら進む。洞内の気温は通年で16℃、水温は14℃と過ごしやすく、年間を通じて本格的な洞窟探検を楽しむことができる。

map 49 P.80
北九州市小倉南区平尾台3-2-1
☎093-451-0368　9:00～17:00（土日祝～18:00）　休 無休　¥ 大人（高校生以上）900円、中学生600円、小学生500円、幼児（4歳以上）200円

# 河内藤園

## 世界が注目する美しさ

アメリカのCNNから「日本の最も美しい場所31選」に選出され国内外から多くの観光客が訪れる観光藤園。見頃となる4月下旬～5月上旬は、22種類の藤の花が咲き乱れ、なかでも約1,000坪の大藤棚や110mの藤のトンネルは圧巻。11月下旬頃には約700本の紅葉が見頃となる。

map 50 P.81
北九州市八幡東区河内2-2-48
☎093-652-0334　4月下旬～5月上旬 9:00～18:00　休 開園期間中はなし
¥1,500円（開花状況による）

北九州ならではの 個性派

# ミュージアム

大規模な市立ミュージアムから、ものづくりの街ならではの企業ミュージアムまで、個性豊かなスポットがいっぱい！

## いのちのたび博物館

近隣に、環境ミュージアムやイノベーションギャラリー（現在休館中）などが集まる東田エリアのメイン施設

© 北九州市

© 北九州市

© 北九州市

### 楽しく学べる西日本最大級の自然史・歴史博物館

地球誕生から脈々と続く人と自然の「いのちのたび」を、壮大なスケールで展示するミュージアム。なかでも人気は自然史ゾーンの大回廊で、全長約35mのディプロドクスをはじめ、恐竜の骨格標本約20体が並ぶ様子は迫力満点。ロボット恐竜が潜むエンバイラマ館は臨場感があり、中生代へタイムトリップしたようだ。弥生時代の竪穴住居から、昭和30年代に建てられた八幡製鉄所の社宅を再現した探究館などもあり、楽しく学べる仕掛けがたくさん。

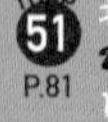

map 51 P.81

北九州市八幡東区東田 2-4-1
☎ 093-681-1011 🕒9:00～17:00（入館は16:30まで）㊡ 年末年始、6月下旬ごろ約1週間 ￥（常設展観覧料）大人600円、高・大生360円、小・中学生240円（毎月第2日曜は無料）、小学生未満無料
入館にはweb事前予約が必要

## 漫画ミュージアム

エントランスには、名誉館長を務める松本零士の代表作「宇宙海賊キャプテンハーロック」よりハーロックの等身大フィギュアも。人気の撮影スポットだ

© 北九州市

### 見る・読む・描くをテーマに漫画文化の魅力を紹介

松本零士、わたせせいぞう、北条司など、著名漫画家ゆかりの地として知られる北九州市。ここ「北九州市漫画ミュージアム」では、企画展などを開催する展示コーナーをはじめ、約7万冊の漫画単行本を閲覧できる閲覧コーナーや、漫画スクール・漫画体験の開催など、見る・読む・描くの3つのテーマで漫画文化の魅力を体験できる。

map 52 P.79

北九州市小倉北区浅野2-14-5 あるあるCity5・6階
☎ 093-512-5077 🕒11:00~19:00 ※入館は30分前まで ㊡火曜（休日の場合は翌日）、年末年始、館内整理日 ￥（常設展観覧料）一般480円、中高生240円、小学生120円、小学生未満無料

## 人と環境にやさしい工夫を込めた建物も必見

### TOTO ミュージアム

水滴をイメージしたフォルムが印象的な「TOTOミュージアム」は、大正時代に衛生陶器の製造をはじめたTOTOの歴史や、水まわり商品の進化など、日本の生活文化を創造してきた同社の歴史を、映像や展示品で楽しむことができるミュージアム。建物自体にも、節水技術や屋上緑化、自然換気など、100個の「環境アイテム」が取り入れられ、人と環境にやさしい空間となっている。

map 53 P.79 北九州市小倉北区中島 2-1-1 ☎093-951-2534
10:00～17:00（入館は16:30まで） 休 月曜、夏期休暇、年末年始
¥ 無料 https://jp.toto.com/museum/

「超ミニチュア便器」や地元企業とのコラボ商品「ネオレスト型石けん」など、ユニークなオリジナルグッズをお土産にどうぞ

### ゼンリン ミュージアム

## 2020年にリニューアルオープン!

暮らしに欠かせない「地図」をつくるゼンリンが、地図づくりの原点・伊能忠敬が九州測量の起点とした常盤橋そばの商業ビルにオープンしたミュージアム。館内には、伊能中図（原寸複製）や、同社が所蔵する貴重な地図のコレクションを展示。年に2～3回、企画展示を開催し、地図の面白さを伝える。

小倉の街を一望するビルの最上階に立地。コーヒーなどが楽しめるカフェも併設する

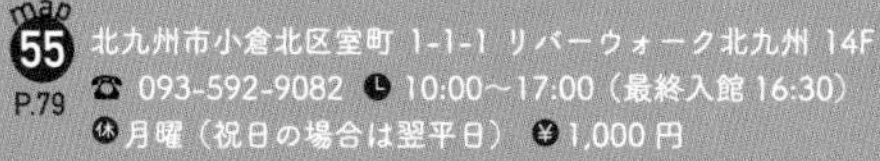

map 55 P.79 北九州市小倉北区室町 1-1-1 リバーウォーク北九州 14F
☎ 093-592-9082 10:00～17:00（最終入館 16:30）
休 月曜（祝日の場合は翌平日） ¥ 1,000円

### 安川電機 みらい館

## 最新のロボット技術を体感

産業用ロボットの世界的メーカー・安川電機のものづくりを紹介する「安川電機みらい館」。超小型ロボットのミニカー製作など、さまざまな体感型展示を通じて、ロボットと人が共存する未来を想像させてくれる。

同社の創業 100 周年を記念し 2015 年にオープン。四季折々の自然が楽しめる「YASKAWAの森」は一般にも公開中

map 54 P.81 北九州市八幡西区黒崎城石 2-1
☎ 093-645-7705 ※見学は事前予約制、詳細は公式HPから

## オンライン工場見学を体験

明治 43 年（1910）に創業し、現在では全国有数の無添加石けんメーカーに成長した「シャボン玉石けん」の本社工場

### シャボン玉石けん

シャボン玉石けんが実施している、Zoomアプリを使用したオンライン工場見学が今人気。石けん講座や工場案内、質疑応答など 70 分のコースでは、専属のスタッフが機械を間近で撮影したり、随時質問に回答し、臨場感のある現場を見学できる。無添加にこだわる「シャボン玉石けん」がどのようにつくられているのか、自宅や学校で楽しく学ぼう。

map 56 P.81 北九州市若松区南二島 2-23-1
☎ 093-588-5489 1 週間前までの完全予約制
¥ 無料 ※3組以上で催行（達しない場合は中止）

北九州近海は海鮮の宝庫

# 海の幸を満喫！

「関門海峡たこ」を味わうならココ

● 小倉北区 ／久津の葉

長崎街道の起点・常盤橋のたもとにある「久津の葉」は、漁協から直接買い付ける新鮮な「関門海峡たこ」の創作料理で知られるお店。名物は、ふぐ刺しのような食感が楽しめる「たこ刺し」(1,200円)。沸騰させたダシにサッとくぐらせていただく「たこしゃぶ」(1人前1,800円) も人気だ。たこの天ぷらやたこめし、串焼きなど種類豊富に味わえるのも魅力。他に、鯨料理やふぐ料理などもあり。

大粒の関門海峡たこを使った贅沢な「たこやき」(550円) もぜひ！

**関門海峡たこ**
関門海峡の速潮で育ったブランドたこ。身の弾力と吸盤の多さ、甘くてうま味があるのが特徴

map 58 P.79 北九州市小倉北区室町 2-3-5 ☎093-562-6277
17:00 ～ 22:00 休 月曜、第４土曜、第４・５日曜

「関門のとらふく」をリーズナブルに

**関門のふぐ**
ふぐの集積地下関南風泊市場や、近海に漁場のある関門は新鮮なふぐが安く手に入るエリア

庭を望む座敷や個室もあり、繁華街の喧騒を忘れさせてくれるお店

● 小倉北区／ふく一

関門海峡のとらふく料理をお得に味わえる「ふく一」は、小倉の繁華街で創業30余年になるふく料理の専門店。職人による華麗な包丁さばきで美しく盛りつけられたとらふく刺しや、うま味たっぷりのとらふく鍋、とろけるような舌触りの白子などを5,000円～のコースで気軽に味わえるのが魅力。ランチの人気「ふくいち御膳」は1,800円でふく刺し付き！

map 57 P.79 北九州市小倉北区鍛冶町 1-1-14 ☎093-511-2929
11:30～14:00、17：00～23：00 休 無休

北九州の海鮮を

## 寿司で喰らう

海の幸が豊富で鮮度抜群のネタが味わえる北九州の寿司は、全国でも注目の的！

### 市場直送の鮮魚を本物の職人が握る回転寿司

食べログ全国回転寿司部門３年連続１位の「京寿司」は、市内に５店舗を展開する人気店。おいしさの秘密は、毎朝、北九州中央卸売市場で仕入れる新鮮な魚を、熟練の職人が丹念に握って提供するから。タイ・ハマチ・ヒラス（ヒラマサ）はもちろん、アジ・イワシなどの青魚も鮮度抜群！ 一度体験すれば、北九州の回転寿司のレベルに感動必至。

一皿138円～の気軽さがうれしい。人気は「1本焼きあなご」(688円)「とらふぐ２貫」(688円)「真鯛の炙り２貫」(275円) など

門司区／京寿司 門司店

map 59 P.78 北九州市門司区東新町 1-1-1 タカフジビル２階
☎093-372-7890 (月～金) 11:00～15:00、17:00～22:00 (土日祝) 11:00～16:00、17:00～22:00 休 無休

# 「豊前海一粒かき」を牡蠣小屋で思う存分堪能！

## 豊前海一粒かき

プランクトンが豊富で牡蠣の養殖に絶好の海域「豊前海」で育まれたブランド牡蠣。ぷっくりと丸みを帯びていて濃厚な味わいが魅力。旬は1月末~3月末

牡蠣の蔵のもう一つの名物がこの「海鮮丼」。新鮮な魚介てんこ盛りのビジュアルで話題の逸品。写真は「天国丼」（1,600円）。他に10種類ほどの海鮮丼が揃う

牡蠣を含む海鮮をはじめ肉や野菜、鍋や一品料理などが「食べ放題」になる「90分コース」（3,980円~）もオススメ。排気ダクト完備の室内のほかにテラス席もあり

### ● 門司区／牡蠣の蔵

豊前海一粒かきの産地・門司区恒見地区にほど近い場所にある「牡蠣の蔵」は、豊前海一粒かきを中心に新鮮な魚介類を取り揃え、生簀から活きた状態で提供するレストランタイプの牡蠣小屋。毎年10月中旬頃から牡蠣のシーズンに突入し、排煙ダクトが完備された室内で、安心して焼き牡蠣（1kg 1,100円~）が楽しめる。火力の強い炭火で一気に焼き上げる牡蠣は、プリプリした食感で濃厚な味わい。醤油やポン酢、タレや塩胡椒など、お好みの調味料でいただこう。牡蠣やエビ、ハマグリやホタテなどが投入された「ガンガン焼（海鮮蒸し焼き）」（1缶 1,800円）も人気。牡蠣のオフシーズンは、海鮮丼がメインの店になる。

map 60 P.80
北九州市門司区吉志 329-2
☎ 093-481-3110 11：00~22：00
休 木曜（11月~2月は無休）

## 九州の豊かな海山の幸を寿司と天ぷらで味わう

小倉駅新幹線口そばの「リーガロイヤルホテル小倉」1階にある「皿倉」は、北九州の新たなブランド食材「北九州あわび」を中心に、料理長中村が厳選する九州の季節の食材を「寿司」と「天ぷら」で味わえるレストラン。北九州を代表する「皿倉山」の麓にある溝上酒造の未販売銘柄酒とともに、職人による“握りたて、揚げたて”を堪能しよう。天ぷらや海鮮ちらし寿司などが野点箱に入った「野点ランチ」（4,000円）や、寿司と天ぷら両方味わえるコース「皿倉八景」（12,100円）など。

日本古来のまろやかな米酢を使用したシャリが素材のうま味を引き立

※写真はイメ

### 小倉北区／リーガロイヤルホテル小倉 皿倉

map 61 P.79
北九州市小倉北区浅野 2-14-2 リーガロイヤルホテル小倉1階
☎ 093-531-1121（受付時間 9:30~17:00）
12:00~14:30、17:30~20:30（LO20:00） 休 月曜~金曜
特典 お食事の方にワンドリンクサービス

# 北九州の旨い肉

坂メニュー「極上厚切りタ
と人気の「ロース・カル
鍋（1人前）」※2人前より

和牛焼肉
若勝

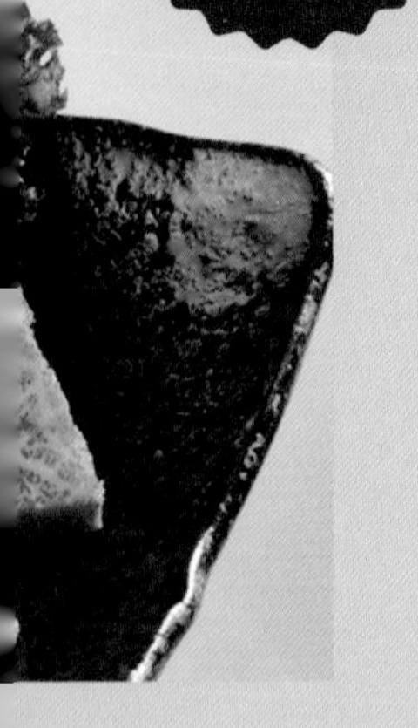

東京・大阪の肉フェスでも人気を博した天穂の名物「焼きしゃぶ」と、幻の「小倉牛」がセットになったランチで贅沢なひとときを

肉処
てんすい
天穂

## 和牛卸直営店だからこその品質と安さ

小倉牛取扱指定店のひとつ「天穂」は、和牛専門の卸問屋直営の焼肉店。小倉牛をはじめ九州産の雌牛をメインに、厳選されたA3～A5ランクの肉を卸問屋ならではの価格で味わえる。ディナータイムの人気コースは、サシ・うま味ともに最高級を誇る「小倉牛」など厳選の和牛4品に、名物の焼きしゃぶ・上タンなどがセットになった「小倉牛特選コース」（1名様 7,000 円）。ランチタイムに小倉牛を味わうなら「焼きしゃぶ付き天穂ランチ」（1名様3,500円）がオススメ！

map 62 P.79 北九州市小倉北区魚町 1-5-6 ☎093-513-2944
🕒11:30～14:30（L.O14:00)、17:30～23:00（フード L.O 22:00／ドリンク L.O 22:30） 休不定休（日祝のランチは休み）

名物

## 小倉牛

北九州が生んだ牛肉の最高傑作

生後8～10カ月の仔牛を約20カ月間、大切に育てあげた黒毛和牛。そのなかでも、厳しい品質検査で選ばれた牛だけに与えられるのが「小倉牛」の称号だ。1年間に出荷されるのはわずか約60頭。北九州市市内でも指定店でしか味わえないプレミアム牛をこの機会にぜひ。

# I♥お肉

数多くの焼肉店が軒を連ねる激戦区
北九州で「小倉牛」や「丸腸」をはじめ、
新鮮なお肉を存分に堪能しよう。

鹿児島産の「たから豚」を使ったもうひとつの名物「サムギョプサル」（1人前 1,760円）もぜひ。レトロでオシャレな雰囲気の店内はいつ訪れても賑わっている

ホルモン鍋
## 大邱食堂

### 戦後からの味を守る「ホルモン鍋」の人気店

昭和23年（1948）に旦過市場で創業したホルモン鍋を受け継ぐ「大邱食堂」。不動の人気「元祖ホルモン鍋」（2,200円～）は、職人手作りの特注鉄鍋と、秘伝のタレが味の決め手で、創業当時から変わらない味を守る。鍋に入る肉は「丸腸」をはじめ新鮮なホルモンや、豚バラ、カルビなどからお好みをチョイス。プラス料金でタンや麺類なども追加でき、カスタマイズOKなのがうれしい。

map 64 P.79 北九州市小倉北区魚町 3-2-5 ☎093-533-1319
🕒17:00 ～ 23:00（料理 L.O 22:30 ／ドリンク L.O 22:30） 休無休

### きめ細やかでとろけるように
### やわらかい「小倉牛」を満喫！

小倉牛をはじめ九州産黒毛和牛の中でも厳選された肉のみにこだわる「若勝」。赤身から美しいサシの入ったカルビやホルモンまで、さまざまな部位をラインナップし、一頭からわずかしか取れない希少部位も種類豊富に味わえる（数量限定）。塊肉を仕入れ、部位ごとに切り方や厚みを変えて提供するから、おいしい肉がさらに美味に。遠赤外線七輪ロースターで煙が気にならないのも高ポイント。口の中でとろける柔らかさ、肉本来の濃厚な味わいを楽しんで。

map 63 P.79 北九州市小倉北区鍛冶町 1-3-3 小倉かじまちビル奥２階
☎ 093-522-4129 🕒（月～木）17:30～22:00（金土）17:00～22:00 休日曜、祝日

「特選小倉牛カルビ」（2,508円）
※メニューの一例

名物
## 丸腸
北九州が起源とされるホルモン

食肉センターの近くで、新鮮な国産ホルモンが手に入りやすかった小倉では、古くから丸腸（牛の小腸）を食べる食文化があり、多くの焼肉店が丸腸を提供している。シンプルに焼く以外に、ホルモン鍋や串焼き、唐揚げなど、小倉ならではの多彩なメニューが揃うのも魅力。

個性豊かな名物が揃う

# 北九州のうどん

**小倉発祥「焼きうどん」をはじめ、全国に名をはせる「豊前裏打会」や国際体操連盟・渡辺会長もファンを公言する「資さんうどん」まで。独自の進化を遂げ一大ジャンルを築く北九州の名物うどんが揃い踏み！**

● 小倉北区／ぷらっとぴっと

## 小倉駅名物！ホームの立ち食いかしわうどん

西日本でかしわと言えば鶏肉のこと。北九州では古くから「かしわめし」などで親しまれ、明治24年(1891)創業の現・北九州駅弁当株式会社が、駅の立ち食いうどんとして出したのが、小倉駅のホームで味わえる「かしわうどん」だ。国産の親鳥を自家製の甘辛いタレで半日ほど煮込んだ「かしわ」は、程よい歯ごたえとダシにしみ出たうまみがたまらない。麺はその日の朝に茹でた生麺で、電車の待ち時間にも素早く食べられる。ズズッとすすれば、身も心もあったまること間違いなし。

map 65 P.79
JR小倉駅在来線1・2番ホーム、7・8番ホーム
☎093-533-0111（北九州駅弁当株式会社）
1・2番ホーム7:00～21:00（L.O 20:50)、7・8番ホーム 7:00～22:00（L.O 21:50） 休 無休

**かしわうどん**
390円
メニューはシンプルにかしわうどん(or そば)のみ！他の具材はトッピングで50円～

**肉ごぼ天**
700円
スティック状のごぼ天は、半分をダシに浸し、半分をサクサクのまま食べるのがツウ！

国際体操連盟 渡辺会長もオススメ！

● 小倉北区／資（すけ）さんうどん 魚町店

## 老若男女に愛される北九州のソウルフード！

北九州市を中心に、北部九州・山口で53店舗を展開する北九州発祥のうどんチェーン「資さんうどん」。最大の特徴は、24時間365日営業で（一部店舗除く)、うどんをメインに丼やおでんなど、約100 種類のメニューが揃う。いつ訪れても食べたいものが見つかる「資さんうどん」の一番人気は、やはり「肉ごぼ天うどん」だろう。揚げたてサクサクのごぼ天と、肉のうま味がじんわり染み出したダシは「これぞ資さんうどん」と言いたくなる、ほっとする味わい。程よくコシのあるモチモチの麺もうまさのゆえんだ。

map 66 P.79
北九州市小倉北区魚町2-6-1
☎093-513-1110
24時間営業
休 無休

# 焼うどん

だるま堂焼うどん 天窓 650円
乾麺にダシ入りソースの素朴な味わい

## ● 小倉北区／だるま堂

### 焼きうどん発祥の店を受け継いだ伝統の味！

焼きうどん発祥の地・北九州では、多くの飲食店でさまざまな焼きうどんが味わえる。なかでも「だるま堂」はその元祖と言われるお店。2019年に2代目が亡くなり1度は閉店があやぶまれたが、2020年にまちづくり団体「小倉焼うどん研究所」が店の経営を受け継いだ。戦後の味を守る「だるま堂焼うどん」(550円)のほか、オリジナルの「研究所焼うどん」(600円)も人気。

map 67 P.79 北九州市小倉北区魚町1-4-17鳥町食道街内 ☎093-287-521
🕒11:00～18:00（金土は～21:00） 休 水曜

# 豊前裏打会

野菜天ぶっかけ 740円
揚げたての野菜天7種類が入る贅沢な一杯

## ● 小倉南区／津田屋官兵衛

### 北九州から全国へ—「豊前裏打会」の総本山

長期熟成させたモチモチの細麺で多くのファンを魅了する「豊前裏打会」のうどん。その勢力は九州にとどまらず、関東にもグループ店が進出するほどの人気だ。「津田屋官兵衛」はその総本山。店主・横山和弘さんが打つ麺を求めて、うどんツウが足繁く通う。羅臼昆布やウルメイワシ節などを使用した香り立つダシと、半透明にきらめく麺の風味を楽しむなら、冷たいぶっかけがオススメ。

map 68 P.80 北九州市小倉南区津田新町 3-3-20 ☎ 093-475-7543
🕒11:00～16:00 ※麺が売り切れ次第終了 休 日曜、第1月曜

# 小倉肉うどん

肉うどん 650円
お好みで生姜をたっぷり入れてどうぞ！

## ● 小倉南区／まゆみちゃん

### 小倉南区の住宅街に佇む肉うどんの名店

黒いダシにサイコロ状の牛肉がのった独特のビジュアル。小倉南区発祥の「小倉肉うどん」は、いまや市外にも増加する一大人気うどん。多数ある名店のなかでもココ「まゆみちゃん」は肉の量が多いことで知られる人気店。余分な脂を取り除いた新鮮な牛頬肉を、昆布や鰹のダシと一緒に炊き、一晩熟成させて提供するうどんは、やわらかい牛肉のうま味が染み出たダシが美味。見た目に反してあっさりといただける一杯だ。

map 69 P.80 北九州市小倉南区横代北町 2-21-25

☎090-5735-1090 🕒7:00～15:00 休 火曜

ローカルに愛される♥一杯

# 北九州ラーメン

個性豊かな麺が揃う北九州のラーメン事情。ローカル御用達の名店で珠玉の一杯をぜひ！

東龍軒 710円 ラーメン

チャーシュー1.5倍で一番人気のラーメン

## 東龍軒

### 老若男女に愛されるあっさり豚骨が美味！

ラーメンのほか、ちゃんぽんや一品も豊富な「東龍軒」は、北九州市周辺で15店舗を展開するラーメン店。くさみがなくあっさりした豚骨ラーメンが人気で、自社工場直送の麺や、地元の醤油に漬け込んだチャーシューもうまいと評判。自家製「辛子たかな」や「赤ゴショウ」をスープに溶かして、味変しながら味わうのがツウ。

map 70 P.81

北九州市小倉北区東港1-5-9
（東龍軒 東港店）
☎093-383-8174
🕒10:30～22:00
㊡年末年始のみ

大平山 790円 ラーメン

迷ったらコレ！具だくさんな贅沢ラーメン

## 大平山

### 老舗の風格を感じさせる門外不出の味

門司港の地で創業60余年。どこか懐かしい醤油豚骨ラーメンで根強い人気を誇る名店「大平山」。味の決め手はコクのあるスープと喉越しの良い自家製中太麺。独自の味付けを施したやわらかい薄切りメンマやとろとろチャーシューの甘辛いタレが溶け込んだスープは、また食べたくなるヤミツキの味わい。わざわざ門司港を訪れる価値のある一杯だ。

map 71 P.78

北九州市門司区東本町1-5-2
（大平山 門司港本店）
☎093-321-5183
🕒11:00～17:00
㊡年末年始のみ

ラーメン 750円

名物のおでん140円 おはぎ120円もぜひ

## 丸和前ラーメン

### 小倉で飲んだ後の〆と言えば「丸和前ラーメン」

昭和35年（1960）頃におでん屋台として創業した「丸和前ラーメン」。旦過市場の入口にあったスーパー丸和の前で営業していたためこの名がついた。時が経ちスーパーの名前が変わっても、先代から受け継いだ店の名前とラーメンの味は変わらない。ほど良い塩味の豚骨に、喉越しの良い細麺。懐かしい味わいが五臓六腑に染みわたる。現在、屋台は週末のみ。通常は屋台のそばに構える店舗でどうぞ。

map 72 P.79

北九州市小倉北区魚町4-2-2
☎093-962-4064
🕒17:00～翌3:00
㊡不定休
※屋台は週末のみ

# ぎょらん亭本店

## 北九州のラーメン文化を育んだ初代の味を継承するお店

優れたラーメン職人を多数輩出してきた創業昭和21年(1946)の老舗「ぎょらん亭」。こってり好きにはたまらない濃厚な「ド豚骨」でありながら、雑味やくさみを豊潤な味と香りに昇華させ、見事なバランスで調和したスープが魅力。原点となった豚骨100%の「十割ラーメン」、鶏ガラと豚骨の「二八ラーメン」、独創的な泡系スープ「どろラーメン」など話題のラーメンで、多くの麺ツウを魅了している。

**どろラーメン 750円**
高濃度豚骨をミキシングした泡系スープ

map 73 P.79
北九州市小倉北区三郎丸 3-6-29
☎ 093-922-4778
11:00〜15:30、17:00〜21:00
(土日)11:00〜21:00
休 無休

# 石田一龍 本店

## 北九州ラーメン王座選手権のキング！今一番勢いのある一派「石田一龍」

北九州に4店舗、飯塚や下関、大阪にもグループ店を持ち「北九州ラーメン」の名を全国へ轟かせている人気店「石田一龍」。北九州ラーメン王座選手権でもぶっちぎりの優勝を誇るラーメンは、豚骨とまる骨を16時間炊き上げてつくる「濃厚」と、やさしい味わいが魅力の「屋台」の2種類。それぞれ細さを使い分ける老舗「安部製麺」の麺や、継ぎ足しのタレでつくる炙りチャーシューもやわらかくてうまい。

**濃厚豚骨ラーメン 680円**
濃厚なのにクリアで心地いい余韻が続く

map 74 P.80
北九州市小倉南区下石田 1-4-1
☎ 093-963-2650
11:00〜16:00
18:00〜20:40
休 無休

こちらも必食！

## 北九州名物 とり唐ちゃんぽん

ラーメンだけではなく、ちゃんぽん店が多い北九州。そんな激戦エリアの人気店が、創業43年のちゃんぽん専門店「おおむら亭」。前創業者は長崎県大村出身で、長崎ちゃんぽんの味わいをベースにした、コシが強く喉越しの良い自家製麺と野菜のうま味がしみ出た自家製豚骨スープが特徴。名物は大きな唐揚げが3つも入った「とり唐ちゃんぽん」(970円)。これを食べに通うファンもいる、北九州名物のひとつだ。

**おおむら亭 境川店**

map 75 P.81
北九州市戸畑区境川 1-7-25 コーポ川本
☎ 093-882-3313
11:00〜20:00
休 火曜

特典 トッピング1品サービス

## 八幡エリアのローカルグルメ

# 八幡ぎょうざを食べよう！

かつて鉄の都として栄えた八幡地区には、工場で働く人々に好まれる、安くてスタミナ満点の餃子を出す店が多かった。のちに「八幡ぎょうざ協議会」が発足し、グルメイベントなどで知名度は全国区に。現在でも、多種多様に進化した手づくり餃子が味わえる。

「焼き餃子」（8 個 550 円）、「手羽餃子」（1 本 275 円）、新商品「揚げ餃子」（8 個 550 円）もオススメ

### ママの餃子

## 食卓から飛び出したおふくろの味

“ママ”の愛称で親しまれる代表の藤本さんが、自宅でつくっていた餃子を絶賛され開業したお店。オープン後に参加した数々のグルメイベントで賞を総なめにし、全国からもお客が訪れる人気店となった。名物「焼餃子」はカリッと香ばしい羽根付きタイプ。豚ミンチやキャベツ、ニラ、ニンニクなどの具材がたっぷり。

map 76 P.81
北九州市八幡東区白川町 8-8
☎ 093-662-5512 16:00~23:00(L.O22:30)
㊡ 日曜、祝日

### やまとぎょうざ 本店 鉄なべ

## 鉄なべ系餃子の元祖で知られるお店

「八幡ぎょうざ」の中でも全国に知られる「鉄なべ系」のお店。その発祥となるのが、昭和33年（1958）創業の「本店鉄なべ」だ。鉄板ナポリタンをヒントに初代が考案した提供法で、豚肉と牛肉、数種類の野菜を使った餡を薄めの皮で包みパリッと焼き上げるのが特徴。餡に動物性油脂を加えないためあっさりしていて、いくらでも食べられる。

map 77 P.81
北九州市八幡西区黒崎 1-9-13 宮本ビル 1 階
☎ 093-641-7288 11:00～21:30 ※材料がなくなり次第終了 ㊡ 木曜（祝日の場合営業）、年末年始

カリッと香ばしい焼き上がりの「焼きぎょうざ」のほか、豚と鶏のガラで炊いた「スープぎょうざ」（6 個 550 円）も人気

名物・焼きぎょうざ（10 個 550 円）

# 北九州の酒文化
# 角打ちでちょい飲み

「角打ち」とは、酒屋の店頭を借りてお酒を飲むこと。工場などの三交代で働く労働者の多かった北九州では、昼夜問わず飲める場所が重宝され、角打ちが発展したと言われている。酒屋価格で安く飲めるのも魅力的。店主や居合わせたお客さんとの交流も楽しい。

小倉駅から徒歩圏ということもあり若者や女性客も多い

## 平尾酒店

### 初心者も入りやすい安心の角打ち

戦前の 昭和13年（1938）に創業した「平尾酒店」は、平成元年（1989）に角打ちをスタート。ビールやワインなどを冷蔵庫から選んで飲むセルフスタイルで、焼酎１杯200円～、日本酒１合280円～とリーズナブル。上手に飲めば1,000円でお釣りがくる。酒の肴は缶詰や乾き物をはじめ、ひと手間加えた家庭的なものも。店主の平尾ゆかりさんが温かく迎えてくれるので、一人客や一見さんも安心してくつろげる。

名物のおつまみ ソーセージ玉ネギサラダ（200円）

map 78 P.79
北九州市小倉北区紺屋町 6-14
☎093-521-3268
🕒12:00～21:00 休日曜、祝日

## 末松酒店

### 人々の憩いの場であり続ける老舗

長崎街道の起点「常盤橋」のそばにある「末松酒店」は、現店主で３代目になる老舗。創業は大正３年（1914）で、煉瓦造りの外観や昭和レトロな商品棚に長い歴史を感じる。酒の肴は10種類ほど揃う総菜と乾き物。冬場にはおでんも登場する。常連になるとセルフで好きなものを取って食べるが、初めての場合は食べたいものを店主に伝えよう。ひとたびお酒が入れば一見も常連もなく、気ままに角打ちが楽しめるオープンな雰囲気のお店だ。

乾き物は50円～ お皿代わりに紙を使って食べる

map 79 P.79
北九州市小倉北区室町 2-4-6
☎ 093-582-0001
🕒 15:00～21:00
休 日曜、祝日、年末年始

3代目店主のやさしい人柄に魅了された常連客で明るいうちから賑わうお店

# Pick up 注目リノベスポットのCafe

古い建物が醸し出すゆったりとした
ひとときはカフェと相性バツグン。
北九州で人気のリノベーション施設
にある素敵なカフェをご紹介！

## マルハチ珈琲焙煎舎

### 地域に開かれた自家焙煎のコーヒーショップ

東京での会社員時代にコーヒーの焙煎に出逢い「この仕事がしたい」と思うようになったと語る店主の八児さん。いつかは自分の店を持ちたいと準備を進めていた矢先に、地元北九州でこの場所に出逢い「ここだ」と感じて出店を決意。2017年「cobaco tobata」のオープンとともに営業をスタートした。提供するのは、生産者の顔が見える豆のみを使用した自家焙煎のコーヒー。まろやかな甘みと落ち着いた酸味の浅煎りを中心に、常時5～6種類揃える。店内の黒板にフレーバーが記されていて、初めての豆にも挑戦しやすいのがうれしい。また自然体の接客も心地良く、八児さんを交えてゲスト同士が会話することもしばしば。コーヒーをきっかけに、人と人との出会いが生まれる、地域に開かれた空間だ。

ハンドドリップコーヒー（420円～）、エスプレッソを使ったアレンジコーヒー（430円～）、プラナチャイ（500円）、その他、オーガニックジュース（380円）などもラインナップ。フードは、あんバターパン（360円）、ふわとろプチフレンチ（290円）、焼き菓子（150円～）など

cobaco tobata 1階
☎ 050-3700-8530
🕒 9:00～19:00（L.O 18:45）
休 水曜、不定休あり
https://cafe-17975.business.site/

マルハチ珈琲焙煎舎のあるスポットはココ！

## cobaco tobata

築約60年の「旧産婦人科医院」の病室だった小部屋を、ショップにリノベーション。カフェのほかに、雑貨店、器屋、花屋、子ども眼鏡の専門店など、個性豊かなショップが集合。ワークショップや展示に利用できるレンタルスペースもあり、地域の人々に親しまれる「まちのお店」として人気。

map 80 P.81
北九州市戸畑区中原西 2-4-22
☎ 店舗により異なる
🕒 店舗により異なる 休 水曜
https://cobacotobata.wixsite.com/cobaco-tobata

# Asa Cafe

## 若松南海岸で 海を見ながらランチ

店舗やデザイン事務所が入居する「上野海運ビル」の3階で、2010年から営業する「Asa Cafe」。東京のカフェで働いていた山本朝子さんが、地元北九州で出店を考えていた時に、海が見えるロケーションが気に入って入居を決めたのだそう。店内には少しずつ集めたというデザイン家具が並び、行き交う船を眺めながらゆったりくつろげる。

上野海運ビル3階　☎ 093-771-8700
🕒 11:00～18:00（L.O 17:00）㊡ 木曜

人気は8種類から選べるドリンク付プレートランチ（850円＋300円でケーキ付※土日祝はドリンク・ケーキなしで 800円）。その他に、パスタやケーキセットなど豊富なメニューが魅力。店内では雑貨や洋服なども扱う

Asa Cafe のあるスポットはココ！

## 上野海運ビル

旧三菱合資会社若松支店として大正2年（1913）に建設されたビルで、国の有形文化財。映画などのロケ地にもなった若松南海岸の人気のスポット。2 階から3階の吹き抜け部分は必見。

map 81 P.81
北九州市若松区本町 1-10-
☎ 093-761-4321
🕒 9:00～17:00 ㊡ なし
https://ueno-building.com

# day to day coffee and espresso

## 人気コーヒーショップで ひと息入れよう

5坪ほどの店内に小さなベンチ。店主の進藤さんと交わす何気ない会話がリフレッシュになるコーヒースタンド「day to day」。スペシャルティコーヒーのブレンドやカフェラテ（各400円）をはじめ、キャラメルラテ、ヘーゼルナッツラテ（各450円）などスイートなアレンジコーヒーが豊富。ガトーショコラやチーズケーキ（各500円）など、評判の手づくりスイーツと一緒にぜひ味わって。

「日々の暮らしの中に当たり前にあって、訪れることで気分がリセットできるようなお店がつくりたい」と店主の進藤さん。2 階はテーブル席やイベントスペース。コーヒーをきっかけに、人が集う場となっている

comichi かわらぐち 2 号室
🕒 12:00～18:00（土曜は～17:00）
㊡ 木曜・日曜＋不定休
※最新情報は公式Instagramで確認を

day to day のあるスポットはココ！

## comichi かわらぐち

リノベーションされた築50年の長屋「comichi かわらぐち」は、スモールビジネスを始めたい人のチャレンジの場。カフェや美容室、雑貨店や古書店など、10店舗ほどが入居する。

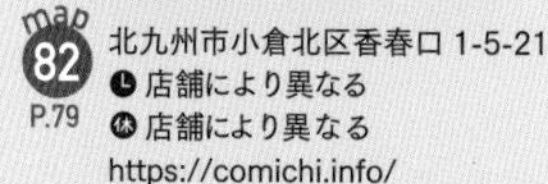

map 82 P.79
北九州市小倉北区香春口 1-5-21
🕒 店舗により異なる
㊡ 店舗により異なる
https://comichi.info/

人口に対するケーキショップの数が全国で２番目に多い
スイーツ激戦区・北九州のオススメスイーツを pick up！

# 人気SHOPの手みやげSweets

## GRAN DA ZUR soigner

カカオ66％のビターチョコを使ったクリームとチョコスポンジの甘さ控えめケーキ
**カライブ・ショコラ 1,500円**

**コク旨ベイクドチーズケーキ 1,800円**
九州産、フランス産のチーズをブレンドし、絶妙な焼き加減でなめらかな舌触りを追究した濃厚チーズケーキ

写真の「グラン ダジュール ソワニエ」のほかに本店「グラン ダジュール」（小倉南区葛原 1-12-23）でも購入できる

### プチ贅沢な絶品ホールケーキ

北九州の大人気土産「ネジチョコ」発祥の店として知られる「グラン ダ ジュール」は、旬の食材を生かした フランス菓子のお店。コチラで人気の手みやげスイーツは、ヴァローナ社のチョコレートを使ったシンプルなチョコレートケーキ「カライブ・ショコラ」。チョコレート系の商品に定評のあるお店だけに、そのおいしさはお墨付き！数種類のチーズをブレンドしてつくる「コク旨ベイクドチーズ」も見逃せない。

map 83 P.79 北九州市小倉北区堅町1-5-8 ウィンズ堅町１階
☎ 093-592-8600　10:00～19:00（定休日前は18:00閉店）　休 月曜（祝日の場合翌日）、第２火曜（月曜祝日の場合、第２水曜）

## 菓匠きくたろう

### 懐かしくて新しい和菓子たち

お菓子の老舗「しんこう」が、創業60余年になる2016年にオープンした「菓匠きくたろう」。創業者・越乃菊太郎氏が製造販売していた「小柳かりんとう」の復刻をはじめ、地元北九州や九州の素材を使用した、揚げ饅頭やどらやき、おはぎなどを販売している。どこかほっとする伝統的な和菓子以外にも、系列店「sweets shop FAVORI PLUS」とコラボした洋菓子テイストの和菓子もずらり。パッケージもオシャレだからギフトにしても喜ばれること間違いなし！

map 84 P.80 北九州市小倉南区上曽根新町 11-11
☎093-474-6006　10:00～19:00　休 不定休

明太子やわさびなど 15 種類から選べる「かりんとう」（180円）。カフェ併設の本店ではランチも楽しめる

おやつにぴったりの揚げ饅頭。黒あんを黒糖の生地で包んでカリッと揚げた「黒」と、白あんをサクッと揚げた「白」
**きくたろう饅頭（黒）108円（白）80円**

**生どらやき（1個）302円～**
ふわっとした食感の生地に、抹茶や焙じ茶の生クリームやいちごのコンフィチュール、栗などを挟んだ人気の逸品

# 北九っ子が愛してやまない 街の名物パン

ずっと変わらないおいしさを守る老舗パン屋さんのロングセラーをご紹介！

## シロヤ

あと引くおいしさ！とろ〜りしたたる練乳「サニーパン」
**サニーパン 100円**

**オムレット 40円**
手のひらサイズが可愛い！フワとろ「オムレット」

### 「シロヤ」のパンはおやつの定番！

創業70余年になる「シロヤ」は、北九州市民のソウルフードとも呼ぶべきパン屋さん。なかでも、初登場以来55年間、常に人気No.1の名物が「サニーパン」。歯切れのいい生地からとろ〜りしたたる練乳の甘み。素朴な味わいが懐かしく、まさにヤミツキになるおいしさ。おやつやお土産にもぴったりのプチケーキ「オムレット」とともに、北九州を代表する味のひとつだ。

P.79

**シロヤベーカリー小倉店**
北九州市小倉北区京町2-6-14
☎093-521-4689
🕒10:00〜18:00（変更あり）
㊡1月1日のみ

### 門司の人々がこよなく愛す「キングパン」

アーモンドを散りばめたクッキー生地のサクサク感と、もっちりふわふわの中身。門司のソウルフード「キングパン」は、創業60年の老舗「ヤング」が発祥で、後に北九州じゅうのパン屋に広まったヒット商品。昭和30年代に、門司港を訪れる外国人向けに考案され「メロンパンを超えるパンに」という初代の思いが込められたハイカラな逸品。現在は2代目の時永昌二さんが、変わらない味を守り続けている。

P.78

**ベーカリーヤング**
北九州市門司区上馬寄1-10-12
☎093-381-5191
🕒8:00〜20:00
※第1、3日曜は8:00〜14:00
㊡第2、4、5日曜

## ヤング

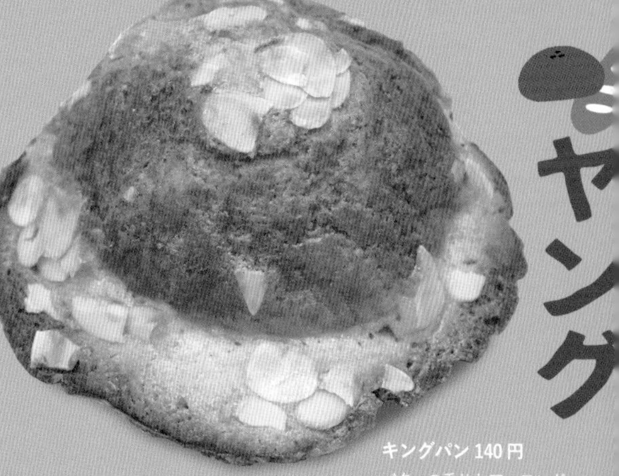

**キングパン 140円**
バターの香りとアーモンドの香ばしさがたまらない

## ミニヨン

パリパリもっちりの生地が美味！温めなおすとチョコがとろけてさらにおいしい
**チョコ（100g 約4個）194円**

定番+期間限定商品7個のセット（432円）もオススメ

### 博多駅の人気者は北九州が本店

1996年にJR博多駅に出店し、いまや九州各地で8店舗を展開するミニクロワッサンの量り売り専門店「ミニヨン」。博多駅では毎日約3万個を販売するこの大人気パンの本店は、実は創業70余年になる北九州の老舗ベーカリー「クラウンパン」。JR小倉駅そばのアーケード内にある「クラウンパン京町店」併設の「ミニヨン」には、甘い香りに誘われた人々が、今日もまた吸い寄せられていく。

P.79

**ミニヨン小倉店**
北九州市小倉北区京町2-7-20
☎093-511-5026
🕒9:00〜21:00
㊡無休

# STANDARD

北九州の定番おみやげセレクション
見つけたら即お買い上げの逸品がずらり！

北九州おみやげ SELECTION

A くろがね堅パン 195円
スティック（プレーン）

八幡製鐵所で働く製鐵マンのカロリー補給源として誕生した「日本一堅い」パン。保存食にオススメ

● 株式会社スピナ

B くろがね羊羹（銘菓）249円
くろがねミニ羊羹（抹茶）195円

気軽に食べられる食べきりサイズのミニ羊羹。銘菓・小倉・抹茶の3種類あり

製鐵マンのカロリー補給源として大正時代に誕生。懐かしい味わいが魅力

● 株式会社スピナ

C まごじだこ 1,430円
セミ（ミニ）

戸畑区の郷土玩具「孫次凧（まごじだこ）」。ユニークな形、鮮やかな色合いの凧は、縁起物としても人気

●カイトハウスまごじ

D 北九州名物
かしわうどん 421円

小倉駅1・2番、7・8番ホームの名物「かしわうどん」をご自宅で。ゆでめん、つゆ、かしわの本格セット

●北九州駅弁当株式会社



E 小倉発祥
焼うどん 648円

焼きうどん発祥地・小倉ならではの「干麺」を使った焼きうどん3食セット。本場の味をぜひ！

●株式会社カワカミ

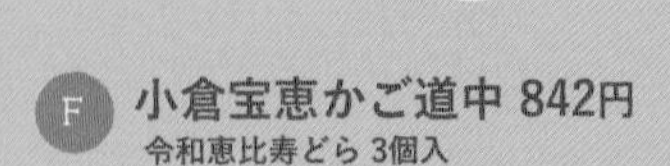
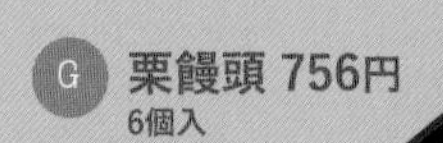
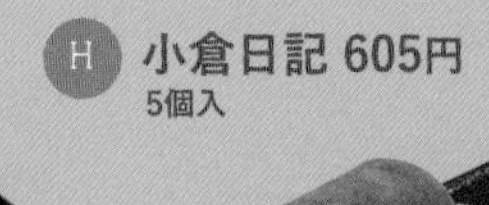

F 小倉宝恵かご道中 842円
令和恵比寿どら 3個入

小倉十日えびす祭「宝恵かご道中」にちなんだ商品で、伊予柑の大福が入った令和恵比寿どらのセット

●つる平

G 栗饅頭 756円
6個入

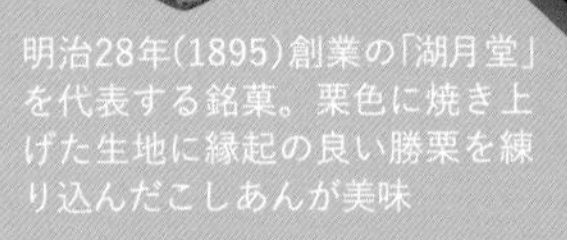

明治28年(1895)創業の「湖月堂」を代表する銘菓。栗色に焼き上げた生地に縁起の良い勝栗を練り込んだこしあんが美味

●湖月堂

H 小倉日記 605円
5個入

卵の力のみで焼き上げたミニバウムクーヘンで、大正12年(1923)創業の「つる平」を代表する銘菓

●つる平

I ぎおん太鼓 756円
5個入

こし餡とつぶ餡をパイ生地で包んで焼き上げた和洋菓子。バターの香りがただよう逸品

●湖月堂

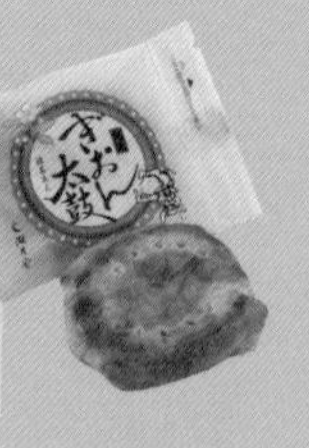

J 菓子合併 734円

北九州市の市制55周年を記念してつくられた旧五市（門司・小倉・若松・八幡・戸畑）にちなんだお菓子の詰め合わせ

●つる平

F・G・H・I・J が買える！

スイーツやお弁当、パンなどの話題店が集結したアミュプラザ小倉地下1階・1階の食品フロア。北九州を代表する銘菓や福岡県のお土産を探すのに駅近で便利。

北九州市小倉北区浅野 1-1-1
アミュプラザ小倉地下1階・1階
☎093-512-1281 公式HPをご確認ください。https://www.amuplaza.jp
休 不定休

map 89 P.79 アミュキッチン

A・B・C・D・E が買える！

北九州メイドの食品や地元作家の作品などが集まる小倉井筒屋の自主企画ショップ。伝統的な名物から新しい名物まで、北九州を再発見するセレクトが光る。

北九州市小倉北区船場町 1-1
小倉井筒屋 本館6階
☎093-522-2627
10:00〜19:00 休 不定休

map 88 P.79 きたきゅうコロンブス

# MOJIKO

北九州の人気観光エリア「門司港」には
港町ならではのハイカラなお土産がいっぱい

K **ギラヴァイツェン 495円**
330ml

北九州市をホームタウンとするプロサッカークラブ「ギラヴァンツ北九州」と「門司港レトロビール」が共同開発したオリジナルビール。桃やパイナップルの香りが感じられるライトテイストで、女性にも大人気

●門司港レトロビール株式会社

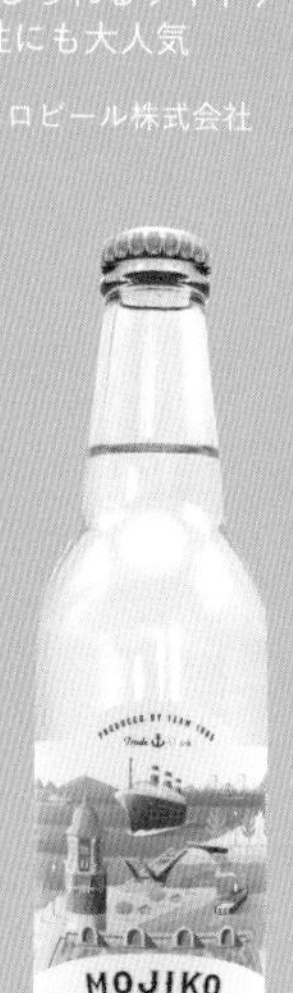

2連覇を機に新ラベルがデビュー！

L **門司港ビール 550円**
ヴァイツェン330ml

全国地ビール品質審査会2019・2021で「最優秀賞」を受賞した「ヴァイツェン」。新ラベルでさらにオシャレになった門司港地ビールを味わおう

●門司港レトロビール株式会社

N **門司港サイダー 324円**
330ml

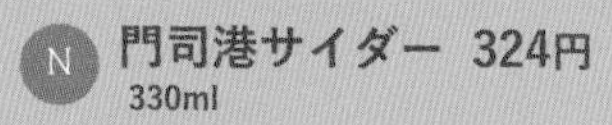

SNS映え間違いなしのオリジナル地サイダーが門司港に誕生！かつて海外貿易港として栄え、ハイカラな舶来品であふれた門司港にぴったりのオシャレなラベル。人工甘味料不使用の優しい味のサイダーをぜひ

●門司港サイダー / TEAM1985

M **サクラビール 550円**
330ml

大正時代に門司で誕生した九州初のビール工場・帝国麦酒（株）の「サクラビール」を、当時の成分表を元に再現。「糖度高く、芳醇なる香味。淡い琥珀色にて色沢鮮麗」と謳われた、大正後期スタイルのラガアビールとして復刻した逸品

●門司港レトロビール株式会社

P 門司港生まれの
**ハーブスパイス 700円**
カレースパイス 700円

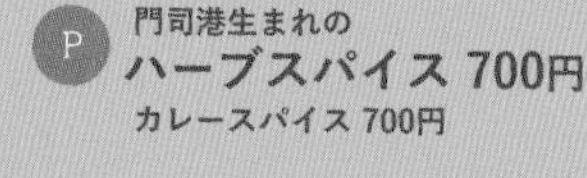

厳選された天然のスパイスに国産のダシなどを加え日本人の味覚に合わせた万能スパイス。これ1本でプロの味に

●門司港土産 RetroN

O **オリジナルキーマカレー 864円**
欧風スパイシーカレー 864円

門司港の人気店「ミツバチカレー」が開発したオリジナルカレーのレトルト。手間暇かかったリッチな本格カレーをご自宅でどうぞ

●Mitsubachi Curry

Q **門司港発焼きカレー 650円**
九州野菜焼きカレー 650円・博多明太焼きカレー 650円

無添加で油を使っていない健康的な手づくり「焼きカレー」。福岡在住の人気イラストレーターABEchanによるパッケージも可愛い！

●門司港土産 RetroN

N・O・P・Q が買える！

オシャレなパッケージのおみやげが揃う「RetroN」や「門司港レトロ菓子館」など、関門名物・北九州名物が揃う人気スポット。館内には雑貨店や飲食店などもあり。

北九州市門司区港町 5-1
☎093-332-3121
10:00～20:00（飲食店 11:00～22:00） 休 無休（臨時休館あり）

map 91 P.78
**海峡プラザ**

K・L・M が買える！

北九州で唯一のクラフトビール「門司港レトロビール」直営のビアレストラン。できたてのビールとともに釜焼ピッツァや焼きカレーなどが味わえる。

北九州市小倉北区米町 1-3-19
☎093-531-5111 （月～金）11:30～14:30（L.O14:00）、17:30～22:30（L.O 22:00）、（土日）11:30～22:30（L.O 22:00） 休 無休

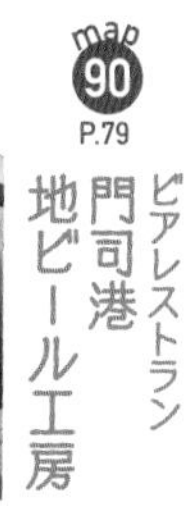

map 90 P.79
ビアレストラン
**門司港地ビール工房**

# DESIGN

北九州の歴史や文化をリデザイン！
全国的にも話題のデザインみやげに注目

## NEJI CHOCO LABORATORY

「北九州らしいおみやげをつくりたい」という思いから企画された「ネジチョコ」が大ヒット！2020年にオートメーション化による工場をオープンし、新時代のものづくりにチャレンジ中。各商品は直営の洋菓子店「グランダ ジュール(P68)」のほか、市内各所のおみやげ店でも購入可能。

北九州市小倉南区津田新町 3-15-5
☎093-474-9500
《Online Shop》
https://grandazur.buyshop.jp

**城チョコ 864円**
5個入

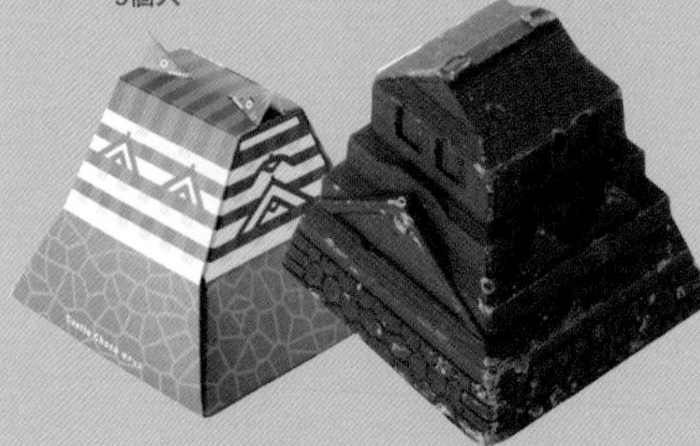

小倉のシンボル「小倉城」をイメージした、お城の形の一口サイズチョコレート。さらにパッケージもお城の形！新しい小倉みやげとして人気のアイテム

**トイレットショコラ**
**756円** 5個入り

「北九州産業観光」をテーマにしたユニークなチョコレート。トイレ型のパッケージの中には、オリジナルレシピのホワイトチョコで出来たトイレ型の本格ショコラが！

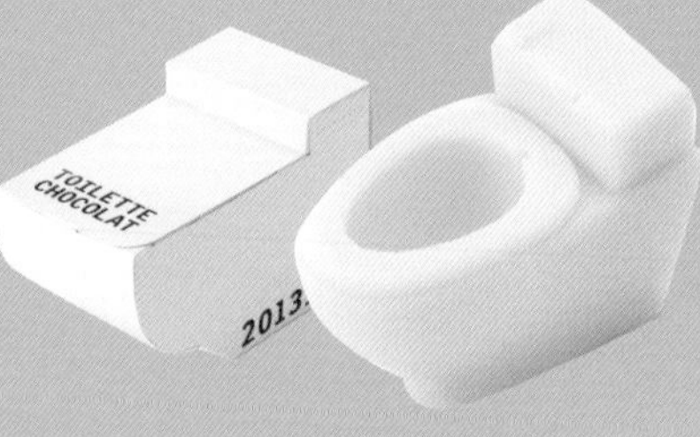


**ネジチョコ 1,404円**
15個入

「官営八幡製鐵所関連施設」の世界遺産登録を記念して誕生したボルトとナットの形のチョコレート

実際にネジを締めることができるよ

## 小倉 縞縞 本店

江戸時代に小倉藩の袴や帯として誕生した「小倉織」。リズミカルな「たて縞」が特長の綿織物で徳川家康が愛用したことでも知られる。昭和初期に一度途絶えたが、昭和59年に染織家・築城則子氏が復元・再生。そのシンプルかつ多彩なデザインは、現代の暮らしにも馴染み、国内外で人気が高い。

北九州市小倉北区大手町 3-1-107
☎093-561-8152
🕒10:00～18:00 休水曜
《Online Shop》
http://shimashima.shop-pro.jp

**扇子セット 5,500円** ※別途 扇子袋あり

立体感溢れる「たて縞」の扇子は、男女問わず使えるアイテム。海外の方へのおみやげや、インテリアとして飾ってもオシャレ！写真の「無彩キュービック」含む4柄あり

**シンプルショルダーバッグ M**
**4,400円**

口が広くマチもあり、持ち手が長いため、ものが入れやすいと評判のバッグ。コンパクトに折りたためるので持ち歩きにも便利。写真の「水衣」を含む10柄あり

**ソフトポーチ 6,600円**

大切な小物をやさしく包み込むマルチポーチ。中身に合わせて好きな幅に折りくるっと紐でとめる仕様で使い勝手抜群。葛飾北斎が好んだ藍色のグラデーションを表現した写真の柄「藍漸」を含む3柄あり

※掲載の柄やアイテムの在庫がない場合もありますのでご了承ください

KITAQ TOPICS

# 北九州の気になるハナシ

TOPIC. 1

## 北九州市は国から選定された「SDGs未来都市」

「ものづくりのまち」として発展し、日本の高度経済成長を支えてきた北九州市。過去の公害克服の経験で培った「市民力」や「ものづくりの技術」は、自治会やESD活動、アジア諸国への環境国際協力などに活かされてきた。こうした取り組みは、2015年に国連の全ての加盟国が合意した「SDGs（持続可能な開発目標）」を先取りするものとして、2017年に「第１回ジャパンSDGsアワード」特別賞を受賞。2018年には、OECDの「SDGs推進に向けた世界のモデル都市」にアジアで初めて選定、国からも国内最初となる「SDGs未来都市」に選ばれるなど、国内外で注目されている。時代の変化に対応しながら、「日本一住みよいまち」の実現を目指し、オール北九州でSDGs達成に取り組んでいる。

北九州市では、産官学民が手を取り合い、SDGsにつながるさまざまな取り組みが行われている。写真は風力発電などのエネルギー関連産業の集積を目指す若松区響灘地区の様子

SUSTAINABLE DEVELOPMENT GOALS

地方創生SDGs官民連携プラットフォームの会長でもある北橋市長

TOPIC. 2

## トレンド入りは朝飯前！SNS時代のヒーロー・キタキュウマン

2013年に誕生したキタキュウマンは、北九州のご当地ヒーローで、北九州市の観光大使。8.5万人のフォロワーを誇るツイッターでのユーモア溢れる投稿や、中の人がイケメンなのを隠そうともしない斬新な活動方法が評判で、全国放送のTVに出演するなど、北九州のPRに貢献している。普段はスポンサー企業のPRやヒーローショーなどを中心に活動。身体が硬くて運動が苦手なため「できれば」戦いたくないとして「詮索」や「悩み相談」を必殺技としてきたが、最近は代役が入って戦っているという噂もある（笑）。どこまでも型破りな新時代のヒーローなのだ。

自他ともに認めるイケメン！キタキュウマンの中の人・滝夕輝さん

この機会に訪れてみたい！

# 福岡県のまち

北九州
宗像
福津
FUKUOKA
糸島
福岡市
太宰府

北九州市から九州最大の都市・福岡市まで新幹線でわずか15分の距離。この機会に足を延ばして福岡県を満喫しよう！

## 博多 天神・中洲

### JR博多駅を中心に賑わう一大商業エリア

九州の交通の要所「JR博多駅」を中心に、オフィスや飲食店などが集まる「博多エリア」。巨大な駅ビル「JR博多シティ」や2016年にオープンした「KITTE博多」「博多マルイ」などの商業ビルで賑わうエリアと、博多祇園山笠の奉納で知られる「櫛田神社」など、昔ながらの風情が残るエリアがあり、福岡観光ではハズせない場所だ。

JR博多駅博多口に飾られる博多駅商店連合会の飾り山。毎年7/1～7/14まで一般公開される

アクセス 北九州から JR小倉駅から JR博多駅まで新幹線で約15分・在来線（特急）で約50分

### 那珂川沿いに屋台が並ぶ歓楽街・中洲

さまざまな飲食店が密集する、夜に賑わう街

博多と天神という2大商業エリアの間にある歓楽街・中洲。江戸時代に福岡藩が、武士の町「福岡」と町人の町「博多」をつなぐため、那珂川に土砂を積んで橋を架けたのが始まりとされる。

### ショッピング施設が集結する繁華街・天神

「天神ビッグバン」で再開発が進む天神。今後さらなる賑わいが予測されるエリア

中心を南北に貫く「渡辺通り」沿いに百貨店やファッションビル、オフィスビルなどが立ち並ぶ天神。地下には「天神地下街」があり、ショップやグルメの店が集結。夕方以降は屋台も出現する。

## ＼ 福岡のマストグルメ ／

### 博多ラーメン

白濁した豚骨スープに細めのストレート麺を合わせた豚骨ラーメンのこと。福岡のいたるところで食べられるので食べ比べが楽しい。

### もつ鍋

醤油や味噌をベースにしたスープに、もつ（ホルモン）、キャベツ、ニラなどが入る福岡の郷土料理。シメはちゃんぽん麺で決まり！

### 水炊き

鶏のうま味が溶け込んだ白濁スープが特徴の鍋料理。最初にスープを味わった後に、具材を投入するのが鉄則。シメは「おじや」が定番。

# 太宰府

天神様の使いの鳥と言われる「うそ」をモチーフにした伝統工芸品「木うそ」。天満宮の「うそかえ」神事にも用いられる

みやげものやが軒を連ねる太宰府天満宮の参道。名物「梅ヶ枝餅」片手に歩こう

## 太宰府天満宮や史跡などが集まる観光都市

「令和」ゆかりの地として注目が集まる太宰府は、福岡県の中部に位置する観光都市。全国にある天満宮の総本宮で学問の神様・菅原道真公をまつる「太宰府天満宮」や、縁結びで知られる「竈門神社」、「九州国立博物館」などがあり、多くの観光客が訪れる。「大宰府政庁跡」をはじめ史跡も多い。

アクセス　博多からバス 博多バスターミナルから太宰府ライナーバス「旅人」で約40分
博多から電車 JR博多駅→地下鉄天神駅→西鉄福岡(天神)駅→西鉄二日市駅→西鉄太宰府駅で約45分

# 宗像 福津

年2回、2月と10月にしか見られない宮地嶽神社の「光の道」

## 世界遺産になった沖ノ島があるエリア

福岡市と北九州市の中間に位置する宗像・福津エリア。世界文化遺産「神宿る島」宗像・沖ノ島と関連遺産群の構成資産「沖津宮遙拝所」を有する宗像大社や、CMのロケ地としても知られる「宮地嶽神社」、「津屋崎千軒」と呼ばれる白壁の街並みなど見どころがいっぱい。

アクセス　北九州から JR小倉駅からJR赤間駅or JR福間駅まで在来線（快速）で約40分

津屋崎に江戸時代から伝わる郷土玩具「津屋崎人形」をはじめ、ものづくりの工房が多い福津エリア

# 糸島

海中にご神体の夫婦岩がある、景勝地「桜井二見ヶ浦」

## 福岡屈指のドライブスポット

福岡市中心部から車で約40分と近く、北部・西部に海岸線、南部に背振山系の山々と、豊かな自然が魅力の糸島。半島部分には器や家具などの工房が点在し、海辺にはカフェが立ち並ぶ。新鮮な野菜やおいしい加工品を求めて、ドライブを楽しみたい。

アクセス　博多から 地下鉄・博多駅より姪浜駅経由、JR筑前前原駅で約40分

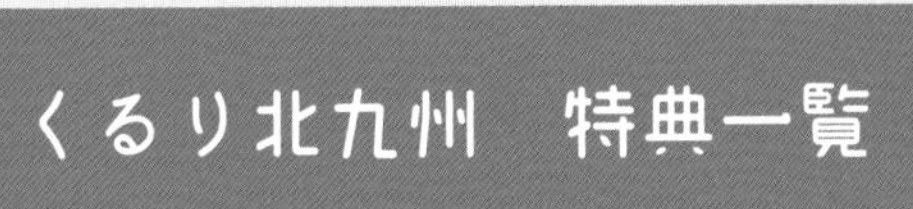

**利用方法**

本誌をご持参の方1冊につき1名様のみ下記特典が受けられます

有効期限　2021年7月10日（土）～ 2021年12月31日（金）まで

P33
### 小倉 縞縞 本店
本店でご購入の方に縞縞ハギレセット（小）プレゼント！（先着30名様）

---

P38
### リバーウォーク北九州
1階総合インフォメーションにてノベルティグッズをプレゼント！

---

P40
### 燻製処 いぶしや
LINEの友達登録 または Instagramをフォローしてくれた方に
小袋入りの燻製品プレゼント！

---

P42
### 人力車 えびす屋 関門店
10%OFF

---

P50
### 皿倉山ケーブルカー・スロープカー
往復通し券・大人1名のみ 200円引 ※皿倉山ケーブルカー山麓駅窓口のみ対応可

---

P57
### リーガロイヤルホテル小倉 皿倉
お食事の方にワンドリンクサービス

---

P63
### おおむら亭 境川店
トッピング1品サービス

information

- 掲載データは、2021年6月時点のものです。変更される場合がありますのでご了承ください
- 税込料金で記載しています。そのため、消費税の見直しにより各種料金が変更される可能性があります
- 新型コロナウィルス感染症に関連した各施設の対応・対策により、営業日や営業時間の変更などの可能性があります
  おでかけになる際は、最新の情報をご確認ください
- 本書で掲載された内容に生じたトラブルや損害等については、弊社では補償致しかねますので、あらかじめご了承の上、ご利用ください

# くるり北九州 MAP

## 北九州までのアクセス

**飛行機**

| | | |
|---|---|---|
| 羽田空港 → | 北九州空港 | 1時間40分 |
| 名古屋空港 → | 福岡空港 | 1時間30分 |
| 中部国際空港 → | 福岡空港 | 1時間30分 |
| 伊丹空港 → | 福岡空港 | 1時間20分 |

**鉄道**（新幹線のぞみ）

| | | |
|---|---|---|
| JR東京駅 → | JR小倉駅 | 4時間50分 |
| JR名古屋駅 → | JR小倉駅 | 3時間10分 |
| JR新大阪駅 → | JR小倉駅 | 2時間20分 |

**フェリー**

大阪南港 → 北九州新門司港
名門太洋フェリー 12時間30分

大阪（泉大津）→ 北九州新門司港
阪九フェリー 12時間30分

## 北九州内での移動手段

**鉄道** JR小倉駅を起点に門司港や八幡などのエリア間の移動は鉄道が便利

**北九州モノレール** 10分おきに発着し渋滞関係なく小倉北区・小倉南区間を移動できる

**西鉄バス・北九州市営バス** 細かい移動は路線が充実しているバスで。時間に余裕を持って利用しよう

**車** 郊外への移動は車が便利。平尾台まで約40分、妙見崎まで約45分

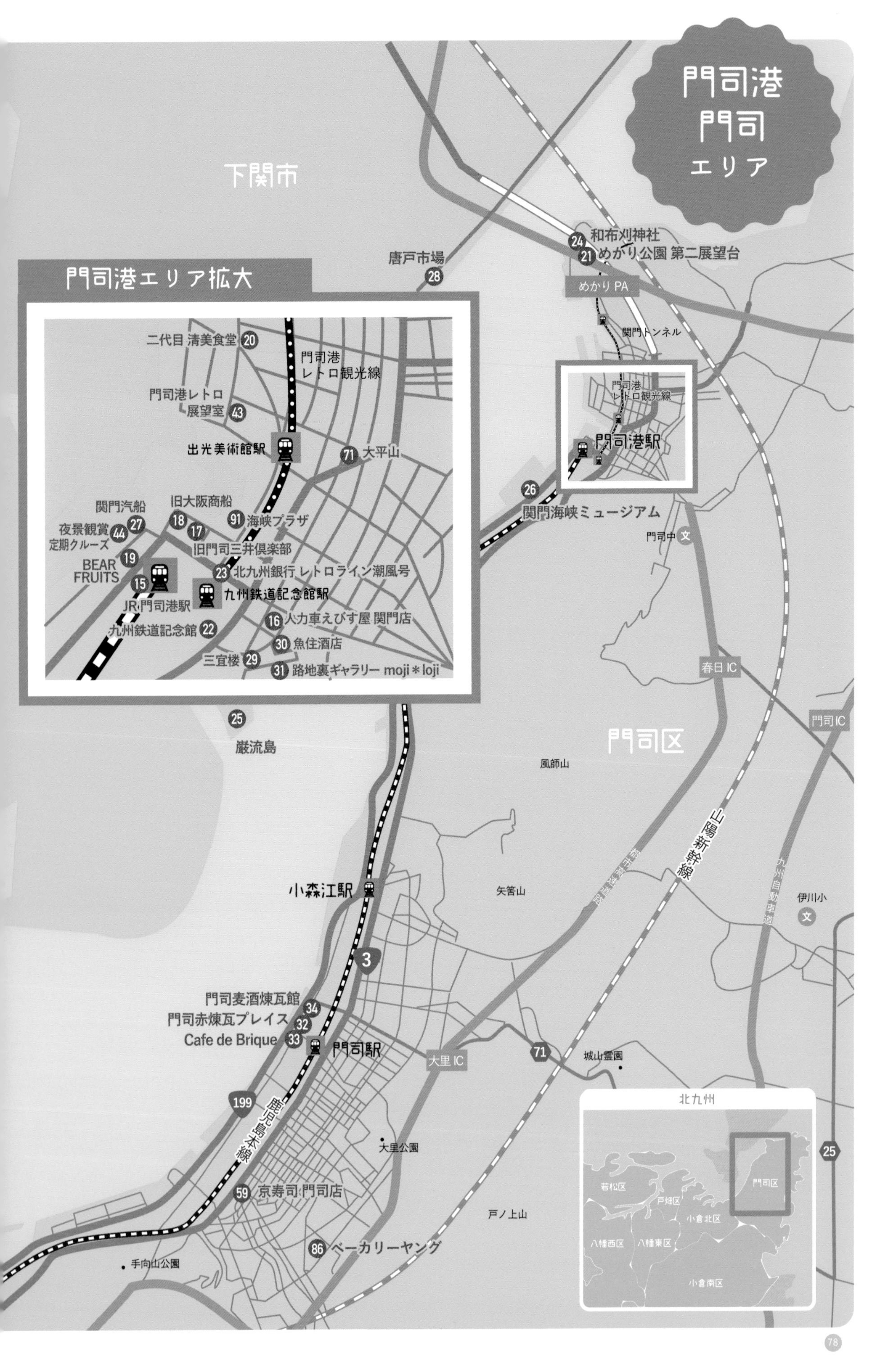
門司港
門司
エリア
下関市
門司港エリア拡大
二代目 清美食堂 20
門司港
レトロ観光線
門司港レトロ
展望室 43
出光美術館駅
71 大平山
関門汽船
旧大阪商船
夜景観賞
定期クルーズ 44 27
18 17
91 海峡プラザ
旧門司三井倶楽部
BEAR
FRUITS 19
15
23 北九州銀行 レトロライン潮風号
九州鉄道記念館駅
JR門司港駅
九州鉄道記念館 22
16 人力車えびす屋 関門店
30 魚住酒店
三宜楼 29
31 路地裏ギャラリー moji＊loji
唐戸市場
28
24 和布刈神社
21 めかり公園 第二展望台
めかりPA
関門トンネル
門司港
レトロ観光線
門司港駅
26
関門海峡ミュージアム
門司中
春日IC
門司IC
25
巌流島
門司区
風師山
山陽新幹線
都市高速道路
九州自動車道
小森江駅
矢筈山
伊川小
3
門司麦酒煉瓦館 34
門司赤煉瓦プレイス 32
Cafe de Brique 33
門司駅
大里IC
71
城山霊園
199
鹿児島本線
大里公園
北九州
25
若松区
戸畑区
門司区
小倉北区
八幡西区
八幡東区
小倉南区
59 京寿司 門司店
戸ノ上山
86 ベーカリーヤング
手向山公園

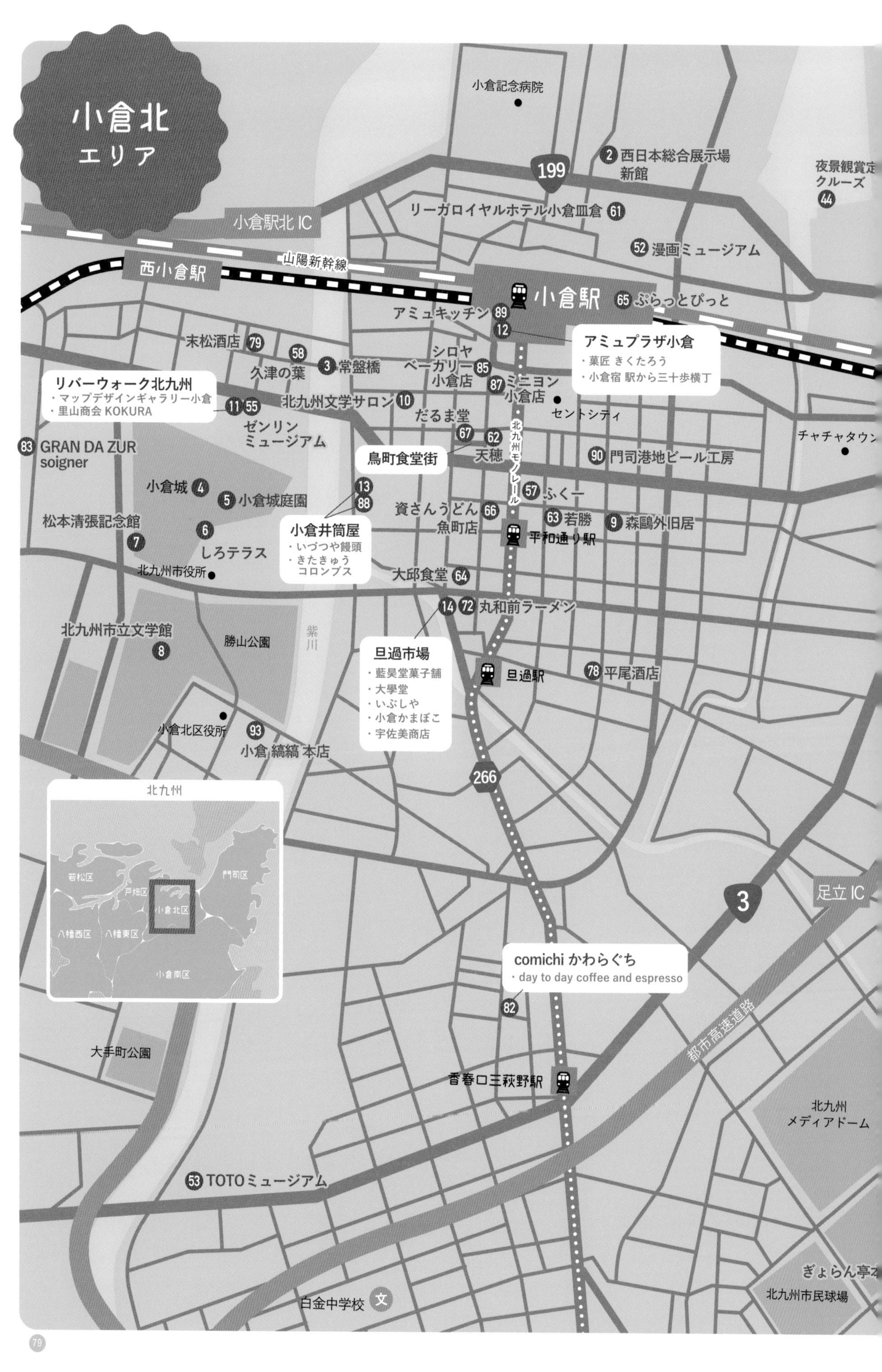

小倉北
エリア
小倉記念病院
2 西日本総合展示場新館
199
夜景観賞定クルーズ 44
小倉駅北 IC
リーガロイヤルホテル小倉皿倉 61
52 漫画ミュージアム
山陽新幹線
西小倉駅
小倉駅
65 ぷらっとぴっと
アミュキッチン 89
12
アミュプラザ小倉
・菓匠 きくたろう
・小倉宿 駅から三十歩横丁
末松酒店 79
58
久津の葉
3 常盤橋
シロヤ ベーカリー 小倉店 85
87 ミニヨン 小倉店
リバーウォーク北九州
・マップデザインギャラリー小倉
・里山商会 KOKURA
11 55
北九州文学サロン 10
セントシティ
だるま堂
ゼンリン ミュージアム
67 62
北九州モノレール
チャチャタウン
83 GRAN DA ZUR soigner
鳥町食堂街
天穂
90 門司港地ビール工房
小倉城 4
5 小倉城庭園
13
88
57 ふくー
松本清張記念館
7
6
しろテラス
小倉井筒屋
・いづつや饅頭
・きたきゅう コロンブス
資さんうどん 魚町店 66
63 若勝
9 森鷗外旧居
平和通り駅
北九州市役所
大邱食堂 64
14 72 丸和前ラーメン
北九州市立文学館
8
勝山公園
紫川
旦過市場
・藍昊堂菓子舗
・大學堂
・いぶしや
・小倉かまぼこ
・宇佐美商店
旦過駅
78 平尾酒店
小倉北区役所
93
小倉 縞縞 本店
266
北九州
若松区
戸畑区
門司区
小倉北区
八幡西区
八幡東区
小倉南区
3
足立 IC
comichi かわらぐち
・day to day coffee and espresso
82
都市高速道路
大手町公園
香春口三萩野駅
北九州 メディアドーム
53 TOTOミュージアム
ぎょらん亭
北九州市民球場
白金中学校 文

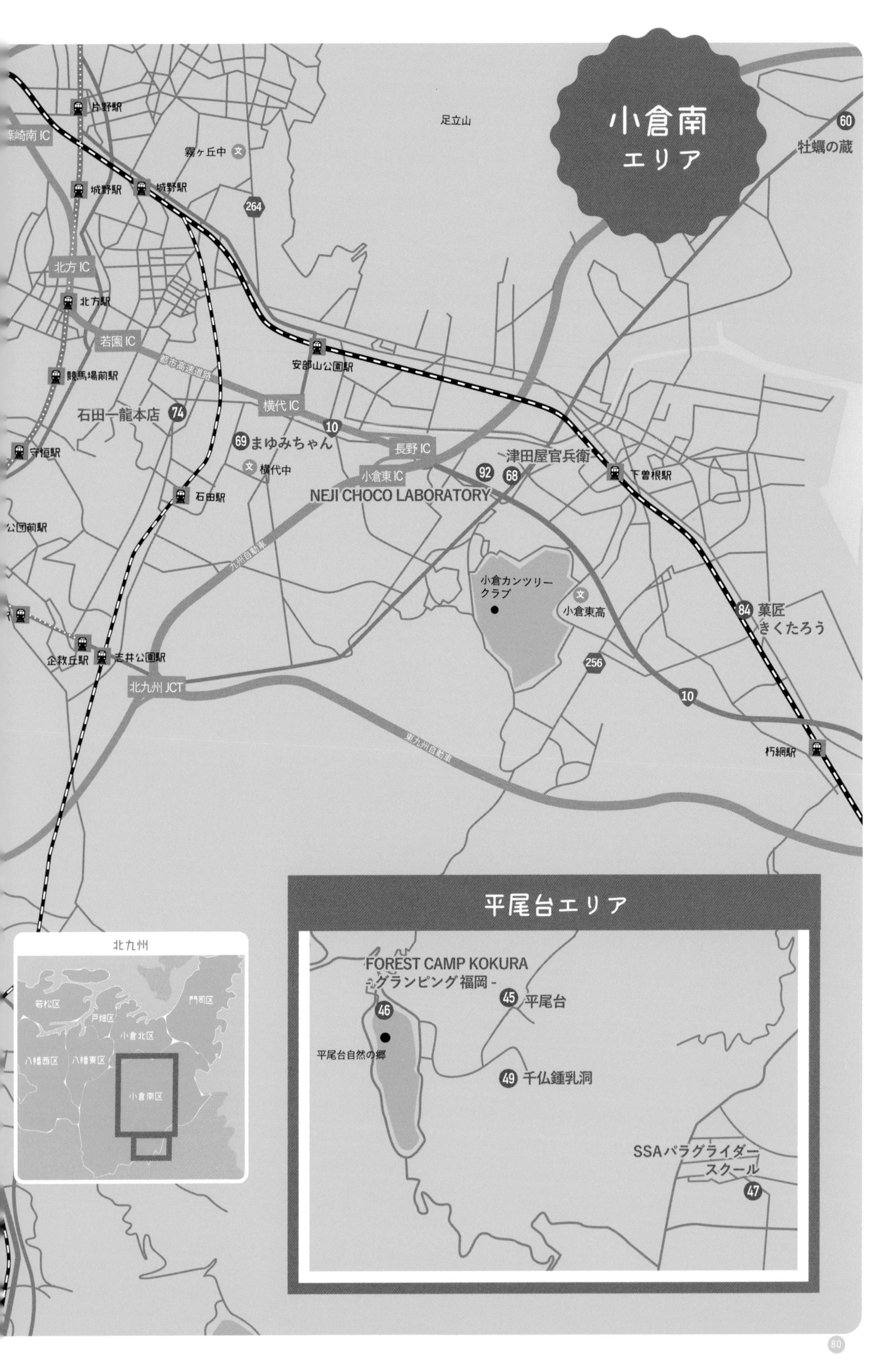
小倉南
エリア
足立山
60 牡蠣の蔵
片野駅
城野駅
城野駅
霧ケ丘中
264
北方IC
北方駅
若園IC
都市高速道路
競馬場前駅
石田一龍本店 74
横代IC
安部山公園駅
10
69 まゆみちゃん
横代中
長野IC
小倉東IC
NEJI CHOCO LABORATORY
92 68 津田屋官兵衛
下曽根駅
守恒駅
石田駅
九州自動車
小倉カンツリークラブ
小倉東高
84 菓匠きくたろう
企救丘駅
志井公園駅
北九州JCT
256
10
東九州自動車道
朽網駅
平尾台エリア
FOREST CAMP KOKURA
-グランピング福岡-
46
45 平尾台
平尾台自然の郷
49 千仏鍾乳洞
SSAパラグライダースクール
47
北九州
若松区
戸畑区
門司区
小倉北区
八幡西区
八幡東区
小倉南区

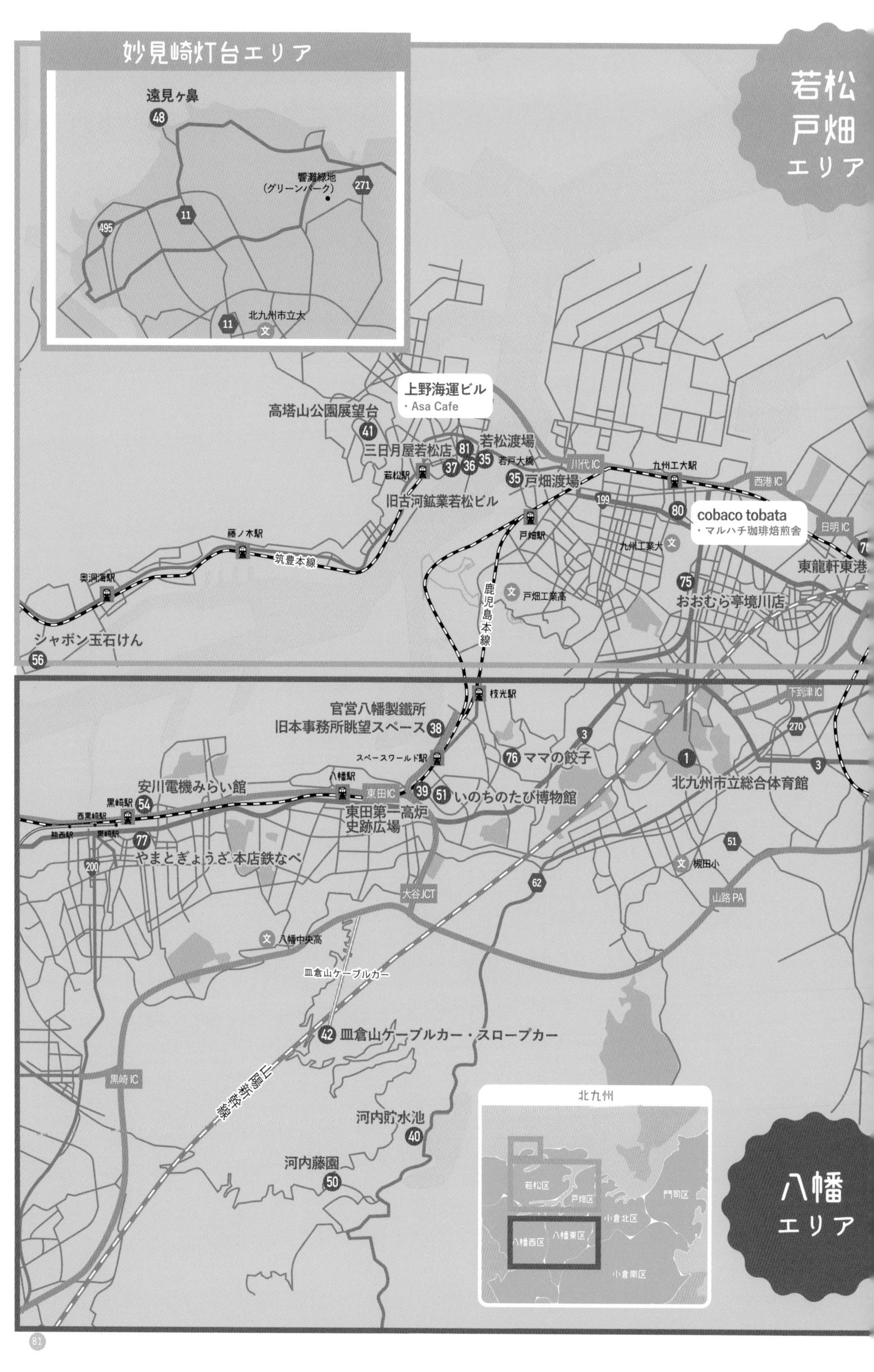

妙見崎灯台エリア
遠見ヶ鼻
48
響灘緑地
(グリーンパーク)
271
11
495
北九州市立大
若松
戸畑
エリア
上野海運ビル
・Asa Cafe
高塔山公園展望台
41
三日月屋若松店
81
若松渡場
35
若戸大橋
37
36
若松駅
35 戸畑渡場
川代IC
九州工大駅
西港IC
旧古河鉱業若松ビル
199
80
cobaco tobata
・マルハチ珈琲焙煎舎
日明IC
戸畑駅
九州工業大
東龍軒東港
藤ノ木駅
筑豊本線
奥洞海駅
75
おおむら亭境川店
戸畑工業高
鹿児島本線
シャボン玉石けん
56
枝光駅
下到津IC
官営八幡製鐵所
旧本事務所眺望スペース
38
3
270
スペースワールド駅
76 ママの餃子
1
北九州市立総合体育館
八幡駅
東田IC
39
51 いのちのたび博物館
安川電機みらい館
黒崎駅
54
西黒崎駅
熊西駅
東田第一高炉
史跡広場
77
やまとぎょうざ本店鉄なべ
200
51
枝田小
62
大谷JCT
山路PA
八幡中央高
皿倉山ケーブルカー
42 皿倉山ケーブルカー・スロープカー
黒崎IC
山陽新幹線
河内貯水池
40
河内藤園
50
北九州
若松区
戸畑区
門司区
小倉北区
八幡西区
八幡東区
小倉南区
八幡
エリア

KITAQ TOPICS

# 北九州の気になるハナシ

TOPIC.3

## 「大人が住みたい街」「子育てしやすい街」No.1！

人口94万人の政令指定都市・北九州市は、海や山に囲まれたコンパクトシティ。物価や家賃が安く、医療や介護が充実しているため、暮らしやすいと評判なのだ。便利な都市の暮らしと、のんびりした地方の暮らし。その両方が楽しめることから、2018年に宝島社が発行した『田舎暮らしの本』の「住みたい田舎ベストランキング」では、総合部門・シニア世代部門にて、堂々第1位に。さらに、子育て環境に関する「次世代育成環境ランキング」では、政令指定都市部門で10年連続第1位の高評価を受けた。小児や児童救急医療の充実や、待機児童がゼロであることなど「子育てしやすい街」としても知られている。

都市のすぐ近くに、釣りやサーフィンが楽しめる海や、四季折々の草花が生息する山など、豊かな自然があるところが魅力。

TOPIC.4

## 人気クリエイター・刈谷仁美さんが移住促進をPR

北九州市の何気ない日常を、温かくてどこか懐かしいタッチで描いたイラストの数々。楽しそうな暮らしのイメージが伝わると話題となったこの作品は、NHK連続テレビ小説「なつぞら」のオープニングアニメーションの作画を担当した、若手クリエーター・刈谷仁美さんと北九州市がコラボした、移住促進のためのPRプロジェクト。同イラストを制作するために刈谷さんは、北九州市で1週間のお試し居住を行い、イメージを膨らませたのだそう。完成した作品を紹介する特設ページでは、滞在期間中のエピソードを描いた刈谷さんによるマンガやインタビューが楽しめるほか、イラストのダウンロードサービスも。パソコンの壁紙や携帯の待受用にダウンロードしてみてはいかが？

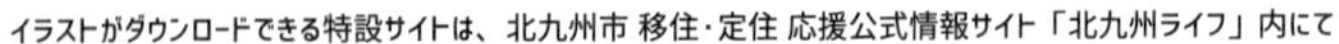

イラストがダウンロードできる特設サイトは、北九州市 移住・定住 応援公式情報サイト「北九州ライフ」内にて

夢を叶えるなら
刈谷仁美
×
北九州市
CITY OF KITAKYUSHU
北九州ライフ
検索
北九州市印刷物登録番号　第1906047E号

# 編集後記

はじめて北九州を訪れた畠山愛理さん。さまざまなものに興味深々で、スタッフも共に楽しく取材をさせていただきました。動物を見つけて喜んだり、美味しいものを食べてびっくりしたり、色々な表情を見せてくれました。この旅で北九州と畠山さんの魅力をたくさん知ることができました。また北九州に行きます！

メイキング動画撮影中！

かめ発見！かわいい!!

噴水くぐりに挑戦！

小倉城ではこんなポーズも！

ご本人も写真をチェック！

お土産どれにしようかな〜

くるりっ！北九州！

記念撮影！

北九州市役所の世界体操・新体操選手権推進室にもご挨拶に伺いました。

特別動画を配信予定！
◀詳細は、こちらから！

世界体操・世界新体操と楽しむ！

くるり北九州

2021年7月10日発行

発行人　三雲 薫
編集人　中村 麻由美

株式会社文化工房
〒106-0032 東京都港区六本木 5-10-31
03-5770-7114

印刷・製本　株式会社サンニチ印刷


ISBN978-4-910596-10-5 C2076

PRODUCER
森田 茂
石丸 純平
中村 麻由美

EDITOR
大野 亜希
いわくま みちこ（マイアミ企画）
阿部 和泉美
四條 智恵
田 詩梨

SALES
井上 美都絵

WRITER
矢内 由美子

DESIGN
おおが まめお（マイアミ企画）
堀 紗紀世

PHOTO
PICSPORT
PIXTA

COOPERATION
公益財団法人日本体操協会
北九州市
テレビ朝日

畠山愛理さん北九州ロケ

門司港レトロ、ノーフォーク広場、小倉城、小倉城庭園、常盤橋、松本清張記念館、北九州市立文学館、旦過市場、リバーウォーク 北九州、門司港地ビール工房、小倉 縞縞 本店、シロヤベーカリー小倉店

PHOTOGRAPHER
内田 達也
田中 雄一郎（アシスタント）

HAIR and MAKEUP
西尾 久美恵

STYLIST
西野 メンコ

写真・表紙（新体操）
エンリコ / アフロスポーツ